普通高等教育经济管理类"十四五"规划教材

企业经营管理模拟运作

QIYE JINGYING GUANLI MONI YUNZUO

主　编　蒋晶晶　李　楠
副主编　关　胜　李思锦
参　编　于　茜　曾维佳

华中科技大学出版社
http://www.hustp.com
中国·武汉

图书在版编目(CIP)数据

企业经营管理模拟运作/蒋晶晶,李楠主编. —武汉:华中科技大学出版社,2020.9(2024.9重印)
ISBN 978-7-5680-6442-2

Ⅰ.①企… Ⅱ.①蒋… ②李… Ⅲ.①企业经营管理-计算机管理系统 Ⅳ.①F272.7-39

中国版本图书馆 CIP 数据核字(2020)第 140801 号

企业经营管理模拟运作　　　　　　　　　　　　　　　　　　　　蒋晶晶　李　楠　主编
Qiye Jingying Guanli Moni Yunzuo

策划编辑：聂亚文
责任编辑：白　慧
责任监印：朱　玢

出版发行：华中科技大学出版社(中国·武汉)　　　电话：(027)81321913
　　　　　武汉市东湖新技术开发区华工科技园　　　邮编：430223
录　　排：华中科技大学惠友文印中心
印　　刷：武汉邮科印务有限公司
开　　本：787 mm×1092 mm　1/16
印　　张：14
字　　数：358 千字
版　　次：2024 年 9 月第 1 版第 2 次印刷
定　　价：42.00 元

本书若有印装质量问题，请向出版社营销中心调换
全国免费服务热线：400-6679-118　竭诚为您服务
版权所有　侵权必究

前言

在创新创业始业教育中,全国很多高校都开设了专业导引课、企业经营管理模拟类课程,作为学生认知企业经营理念、感知企业经营过程的有效手段。作为众多高校采用的教学工具,企业经营管理沙盘为学生提供了集企业业务流程和财务流程于一体的实践平台。借助沙盘理论,本书将企业的核心部门和主要工作内容形象化为沙盘的实物模型,将企业经营管理过程简化为运营规则,使学生从最初感知企业经营管理流程,到逐渐体会市场竞争的激烈、战略计划的精妙、运作过程的准确,实现感性到理性的升华,在提升学生分析解决问题能力、决策能力、团队协作精神及创新思维能力等方面起到了积极的推动作用。这种教学方式充分体现了"做中学"和"学中做"的思想,将知识、能力、素质培养进行一体化设计,受到了广大师生的青睐。

本教材中的企业经营管理模拟运作过程以中教畅享(北京)科技有限公司研发的企业电子沙盘作为运营环境。教材共分为五个项目:项目1"企业经营管理模拟运作认知"简要介绍了企业经营管理的概念和ITMC沙盘工具;项目2"企业经营管理模拟运作准备"从物理沙盘初始状态设置和沙盘经营规则两方面入手,帮助学生快速进入企业模拟经营的状态;项目3"企业经营管理模拟运作体验"引导学生首次实践企业第一年的模拟经营,并设计企业经营用表,辅助学生对实践过程进行记录;项目4"企业经营管理模拟运作实战"带领学生完成完整的六年模拟经营,通过经营过程的记录,引导学生总结和发现学习所得和存在的问题;项目5"企业经营管理模拟运作领悟"提供多种经营策略供学生参考,启发学生在经营过程中"应时而变,顺势而为",并分享战略规划、营销规划、运营规划和财务规划的经验,鼓励学生在模拟经营实战后反思规划、营销、采购、生产、财务等环节产生问题的原因,最后画龙点睛,实现透过经营看管理的目的。附录提供了各种市场环境(8组、10组、12组)下的客户订单信息,方便以手工方式对学生进行企业经营训练。本书可以作为管理类、经济类及相关专业本科、高职院校学生的教材或教学参考书,也可以作为其他专业的选修教材或供企业培训员工使用。

本教材由大连科技学院蒋晶晶、李楠、关胜、李思锦、于茜和曾维佳六位老师精心打造而成。其中,项目1、项目2由李楠、李思锦和曾维佳共同编写,项目3、项目4由蒋晶晶、关胜共同编写,项目5由李楠、关胜、于茜共同编写,最后由蒋晶晶统稿。附录中的市场预测订单信息来源于中教畅想(北京)科技有限公司企业电子沙盘的后台数据。本教材在写作过程中参考了其他的企业沙盘模拟经营教材,在此对相关文献的作者表示感谢。

本教材为任课教师提供了配套的教学资源(包括课件、课后思考题答案、电子教案),并为读者提供了视频指导。因作者水平有限,书中难免有疏漏之处,望读者批评指正,请发邮件至jiaocai_shapan@sina.com。

编者

目录

项目 1　企业经营管理模拟运作认知 ·· (1)
　　任务一　认知概念——企业经营管理 ·· (1)
　　任务二　认知工具——企业经营管理沙盘 ··· (8)

项目 2　企业经营管理模拟运作准备 ·· (14)
　　任务一　盘面准备——物理沙盘初始状态设置 ··································· (14)
　　任务二　经营准备——企业沙盘模拟经营规则 ··································· (25)

项目 3　企业经营管理模拟运作体验 ·· (35)
　　任务一　使用物理沙盘体验企业经营流程 ··· (35)
　　任务二　使用电子沙盘体验企业经营流程 ··· (41)

项目 4　企业经营管理模拟运作实战 ·· (100)
　　任务一　战略制定与团队工作运行 ·· (101)
　　任务二　六年经营 ·· (104)

项目 5　企业经营管理模拟运作领悟 ·· (158)
　　任务一　企业沙盘模拟经营策略提炼 ··· (159)
　　任务二　企业沙盘模拟经营经验总结 ··· (165)
　　任务三　透过经营看管理 ·· (173)

附录 A　8 组市场预测订单信息 ·· (181)

附录 B　10 组市场预测订单信息 ··· (192)

附录 C　12 组市场预测订单信息 ··· (205)

参考文献 ·· (220)

项目 1 企业经营管理模拟运作认知

一、项目概述

本项目从企业和企业分类的基本概念出发,对企业管理的职能和内容做了简单介绍,并选择生产型企业为切入点,重点介绍其生产类型、经营流程和组织结构;介绍了ITMC企业经营沙盘,该沙盘以生产型企业为背景,模拟企业实际运行状况。通过本项目的学习,学生将从概念上初步认知企业经营管理,了解生产型企业的特点,并通过直观的企业经营沙盘,体验完整的企业经营过程,初步感知生产型企业的经营思路和管理理念。

二、教学重点与难点

(1)重点:生产型企业、沙盘中的模拟企业。
(2)难点:企业管理内容、模拟企业内部角色对应的岗位职责。
(3)解决方案:从生产类型、经营流程、组织结构多角度综合认知生产型企业,利用角色扮演,帮助学生加强对模拟企业内部角色的理解。

三、任务分解

任务一:认知概念——企业经营管理。
任务二:认知工具——企业经营管理沙盘。

任务一 认知概念——企业经营管理

1 知识链接

1.1 企业

1.1.1 企业分类

根据企业生产经营领域的不同,可将企业分为生产型企业和服务型企业。

一切社会组织将它的输入转化为输出的过程称为生产,有生产过程的企业就称为生产型企业。例如,汽车制造企业将购入的发动机、轮胎、铁皮、钢材等有形输入,通过一系列加工装配,转化为汽车这个有形输出,所以,汽车制造企业是生产型企业。

提供劳务,而不制造(不等于不提供)有形产品的企业称为服务型企业。例如,电信企业提供通信、手机销售等服务,就属于服务型企业。

1.1.2 生产型企业

1)生产类型

根据生产对象在生产过程中的工业特点,可以把企业的生产类型分为连续性生产和离散性生产。

连续性生产的特点是物料均匀、连续地按一定工业顺序运动。如化工(塑料、药品、肥皂、肥料等)、炼油、冶金、冲洗胶片等,由于物料按一定流程连续不断地通过各个工序进行生产,所以都是连续性生产的典型例子。

而离散性生产的特点是物料按一定的工艺顺序离散地运动。如汽车、柴油机、电视机、洗衣机等,这类产品是由离散的零部件装配而成的,零部件以各自的工艺流程通过各个生产环节,物料运动呈离散状态,因此将其称作离散性生产。因为这类制成品都是先加工出零件,再将零件装配成产品,所以又将其称为加工装配式生产。

2)经营流程

企业生产经营流程一般说来有两种情况,以产定销和以销定产。以产定销是以生产为龙头,带动企业其他经营活动,一般先确立生产计划,然后根据生产计划制订原材料采购计划,进而组织生产,最后组织销售等活动。以销定产是以销售为龙头,带动企业所有经营活动,先确定销售订单,然后根据销售订单情况制订生产计划,最后根据生产计划制订原材料采购计划等。

目前,企业为减少库存,减少资金占压,多数采用以销定产的方式。

3)组织结构

组织结构是组织在职、责、权方面的动态结构体系,其本质是为实现组织战略目标而采取的一种分工协作体系。一个企业要完成自己的目标,必须通过特定的组织结构将企业员工组织起来,并且企业所有战略意义上的调整,都必须首先从组织结构开始。

生产型企业选择组织结构形式,一定要结合本企业的实际情况,如企业规模大小、人员素质高低、生产工艺复杂程度、所处环境等。总之,要以最有效地完成企业目标为依据来选择具体的生产组织形式,并设置相应的生产管理机构。目前,一般生产型企业多采用职能结构,即企业内部按照职能(如采购管理职能、生产管理职能、销售管理职能等)划分成若干个部门,协助总经理、副总经理从事各种职能管理工作。

同类企业的组织结构虽然不尽相同,但基本架构相似。生产型企业的组织结构如图1-1所示。

1.2 企业经营管理

经营管理是指在企业内,为使生产、采购、物流、营业、劳动力、财务等各种业务,能按经营目的顺利地执行、有效地调整而进行的一系列管理、运营活动。

1.2.1 生产经营

企业生产经营,是以市场为导向,以生产为侧重,以产品为主要经营对象的经营方式。企业

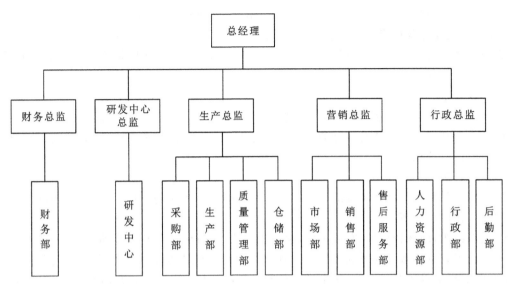

图 1-1 生产型企业组织结构示例

生产经营的着眼点是某个特定的市场供求关系。企业通过对市场需求及发展趋势的研究与预测,研制、开发、生产、销售其产品和服务。生产经营活动需要资金来保障,企业资金紧张会给企业生产经营带来较大的影响,具体表现在以下几个方面:

①影响企业正常的生产经营活动。一旦资金短缺,企业只能维持简单再生产,很难进行扩大再生产,制约了企业的正常发展。

②企业的市场竞争力下降,企业开工不足和竞标困难,使企业不能按合同正常履约,既影响企业的效益,又影响企业的信誉,对后续订货也造成很大的影响。

③企业不能在原材料价格相对偏低的时候大量购进,储备有限,而市场的价格波动较大,无形中增加了企业的生产经营成本。

④直接影响到企业对生产经营的管理决策。在瞬息万变的市场中,往往会由于资金紧缺而错失发展良机,即使有好的经营决策思路,也难以实现。

⑤企业产品质量下降,不良品的比例较高,企业生产成本增加,市场竞争力下降,给客户带来不良影响,严重制约企业发展。

1.2.2 企业经营分析方法

按照分析的对象不同,企业经营业分析方法可以分为以下三种。

1)资产负债表分析

资产负债表分析主要从资产项目、负债结构、所有者权益结构方面进行分析。资产项目主要分析现金比率、应收账款比率、存货比率等;负债结构分析主要包括短期偿债能力分析、长期偿债能力分析等;所有者权益结构分析主要包括各项权益占所有者权益总额的比重。

2)损益表分析

损益表分析也称利润表分析,主要从经营业绩、盈利能力等方面进行分析。主要分析指标包括总资产报酬率、净资产收益率、成本费用利润率、主营业务利润率、销售增长率等。

3)现金流量表分析

现金流量表分析主要从现金支付能力、现金流量收益比率、资本支出与投资比率等方面进行分析。主要分析指标包括现金比率、债务现金比率、资本购置率、流动负债现金比率等。

1.2.3 企业管理内容

企业管理是对企业生产经营活动进行计划、组织、指挥、协调和控制等一系列活动的总称。按照现代企业管理系统划分,企业管理可以分为以下主要内容。

1)计划管理

计划管理是计划的编制、执行、调整、考核的过程,是通过预测、规划、预算、决策等手段,把企业的经济活动有效地围绕总目标的要求组织起来。它是用计划来组织、指导和调节企业一系列经营管理活动的总称。

2)生产管理

生产管理是对企业生产系统的设置和运行的各项管理工作的总称,又称生产控制。生产管理的主要工作内容如下:

①生产组织,即选择厂址,布置工厂,组织生产线,实行劳动定额和劳动组织,设置生产管理系统等。由于企业一般都是多品种生产,但企业购置的机器设备和生产线大多只有一套。所以,用相同的机器设备和生产线,从生产一种产品过渡到另一种产品,要经历一个对设备和生产线进行调整的过程。调整所花费的时间称为转产周期,调整所花费的财力称为转产费用。

②生产计划,即编制生产计划、生产技术准备计划和生产作业计划等。在生产计划排单过程中,要综合考虑客户的交货日期、本企业的生产能力、供应商供货能力等因素。要及时跟踪生产物料情况、车间的实际生产情况、客户订单变更情况,并在计划实行过程中准确、及时地发现及解决问题。

③生产控制,即控制生产进度、生产库存、生产质量和生产成本等内容。在制定计划的过程中虽然已做了比较周密而具体的安排,但随着时间的推移,市场需求往往会发生变化;此外,生产准备工作不周全或生产现场发生事故等,也会使计划产量和实际产量之间产生差距,因此,必须及时监督和检查计划的执行情况,一旦发现偏差,立刻进行调节和纠正。

④保证按期交付,即根据生产计划安排,保证客户产品正常交付。

3)采购管理

采购管理是从计划下达、采购单生成、采购单执行、到货接收、检验入库、采购发票的收集到采购结算的采购活动的全过程,通过对采购过程中物流运动的各个环节状态进行严密的跟踪、监督,实现对企业采购活动执行过程的科学管理。其目标是保证企业的物资供应,确保企业能够以适当的价格,在适当的时期从适当的供应商那里采购到适当数量和质量的物资和服务所采取的一系列管理活动。对于生产型企业来说,生产产品需要消耗原材料,因此原材料的采购环节就显得尤为重要。

采购活动的主要流程包括:

①从企业的生产、研发等部门获得各种外购物料的型号规格、需求量等信息。

②对要采购的物料进行招标,按质量、价格和交货期等要求进行评标,最终选择合适的供应商。

③进行订货,并及时跟踪供货进程。

④检查到货进度和质量情况。

⑤支付购货款。

4)营销管理

营销管理工作是企业在自身的经营目标和战略经营计划之下,根据对经营环境的分析结果,对市场进行细分,选定希望进入的目标市场,据此而制订市场营销计划和营销组合,推动计划的落实执行并对执行计划的过程进行监督控制、评估、检讨和修订。市场营销工作必须与产品开发、生产、销售、财务等工作环节协调。

一个企业的营销管理工作由市场部和销售部承担,一般由一个营销主管来负责,通常需要完成两方面的工作。

①市场开发。

对于一个生产型企业来说,其产品在一个陌生的市场是无人问津的。因为在新的市场,消费者不了解你的产品,不信任你的产品。所以,要想在一个新的市场打开销路,就必须先进行市场开发工作。

②销售服务。

销售服务的任务是解决市场上能不能买到产品的问题。销售部门的主要工作是把货品交付给客户,并获取货款。销售服务主要涉及物流、资金流以及销售渠道的建设和管理。销售部门的具体工作主要包括制订销售计划、争取市场订单、签订合同、按时交货、售后服务和管理应收账款等。

对于生产型企业来说,生产的目的是销售,获取利润,谋求更大发展。所以,每个企业都必须面对销售市场。销售市场可以简单地理解为对某种商品或服务具有需求的所有现实和潜在的购买者。例如,对于汽车制造企业来说,其销售市场可以理解为所有可能购买汽车的组织和个人。销售市场是企业最重要的环境因素之一。因为市场上的同类产品很多,例如,很多汽车制造商,包括奔驰、宝马、大众等企业都向市场提供汽车,为了多销售自己品牌的汽车,同类企业要在销售市场上展开激烈的竞争。

5)质量管理

质量管理是指确定质量方针、目标和职责,并通过质量体系中的质量策划、控制、保证和改进来使其得以实现的全部活动。质量管理的发展大致经历了三个阶段:质量检验阶段、统计质量控制阶段和全面质量管理阶段。

①全面质量管理。

质量管理是指在质量方面指挥和控制组织的协调活动。质量管理通常包括制定质量方针和质量目标、质量策划、质量控制、质量保证和质量改进。20世纪60年代以后,质量管理进入了"全面质量管理"阶段。这里需要重点理解"全面"的含义,要真正提高产品质量,不仅要加强对产品质量的检测,更重要的是要对影响产品质量的全过程进行监督管理。

所谓全面质量管理就是进行全过程的管理、全企业的管理和全员的管理。全过程的管理要求对产品生产过程进行全面控制。全企业的管理强调质量管理工作不局限于质量管理部门,要求企业所属各单位、各部门都要参与质量管理工作,共同对产品质量负责。全员的管理要求把质量控制工作落实到每一名员工,让每一名员工都关心产品质量。

②质量体系。

质量体系是在"全面质量管理"理论的基础上提出的。质量体系指为保证产品、过程或服务质量,满足规定(或潜在)的要求,由组织机构、职责、程序、活动、能力和资源等构成的有机整体。

③质量管理体系认证。

质量体系按体系目的可分为质量管理体系和质量保证体系两类,结合模拟企业现状,我们重点介绍"质量管理体系"。为实现质量管理的方针目标,有效地开展各项质量管理活动,必须建立相应的管理体系,这个体系就称为质量管理体系。

针对质量管理体系的要求,国际标准化组织质量管理和质量保证技术委员会制定了ISO 9000标准,适用于不同类型、产品、规模与性质的组织。如果一个企业的一个产品或若干个产品的质量管理体系经过认证机构审核达到了 ISO 9000 标准,就认为该企业通过了 ISO 9000 质量管理体系认证。

ISO 14000 标准是国际标准化组织(ISO)继 ISO 9000 标准之后推出的又一个管理标准。该标准融合了世界上许多发达国家在环境管理方面的经验,是一种完整的、操作性很强的体系标准,包括为制定、实施、实现、评审和保持环境方针所需的组织结构、策划活动、职责、惯例、程序过程和资源。同理,如果一个企业的一个产品或若干个产品的质量管理体系经过认证机构审核达到了 ISO 14000 标准,就认为该企业通过了 ISO 14000 质量管理体系认证。

6) 库存管理

库存管理是指对物流过程中商品数量的管理。过去认为仓库里的商品多,表明企业发达、兴隆,而现代管理学认为零库存是最好的库存管理。库存多,占用资金多,利息负担加重。但是如果过分降低库存,则会出现断档。

7) 财务管理

财务管理是对企业的财务活动,包括固定资金、流动资金、专用基金、盈利等的形成、分配和使用进行管理。其内容一般概括为三大项:资金管理、利润管理和成本管理。财务管理环节包括财务预测、财务决策、财务制度、财务控制、财务监督、财务核算、财务分析等。它的主要作用是运用包括资金、利润和成本等价值形式的指标,计划、控制和考核企业的生产经营活动,以获得投资的经济效益。

会计核算是以货币为主要度量单位,对企事业单位的资金运动进行连续、系统、综合和全面地反映和监督,以加强经济管理的一种专门工作。会计核算的方法主要包括填写和审核会计凭证、设计会计科目和账簿、复式记账、登记账簿、成本计算、财产清查、编制和审核会计报表等。

会计核算是财务工作的基础,是财务日常工作的主要内容,财务管理是在及时、可靠、有用的会计信息的基础上,进行预测、计划、决策。会计核算是生产会计信息的工具,财务管理是对会计信息的加工利用。财务管理既寓于会计核算之中,又是会计核算的延续与发展。两者之间有着密切的联系,主要体现在以下方面:

①财务管理必须利用会计核算提供的资料和企业外部经济信息进行分析和预测。财务管理的过程需要以会计核算为基础。

②财务管理必须根据会计核算的记录反映,运用必要的经济手段,通过调节资金比例取得最佳管理效果。

③会计核算必须以财务管理的规定和要求为依据,管好、用好资金。

8) 人事管理

人事管理亦称人力资源管理,主要包括六大方面:员工招聘、培训系统、薪酬、绩效考核、劳动关系和人力资源发展规划。

9) 研发管理

研发管理从狭义的角度可以理解为对研发或技术部门及其工作进行管理,重点是产品开发及测试过程。从广义的角度来理解,研发工作实际上不仅包含技术开发工作,其范围涵盖新产品的全生命周期,包括产品创意的产生、产品概念形成、产品市场研究、产品设计、产品实现、产品开发、产品测试、产品发布等整个过程。

当今时代,唯一不变的事情就是变化,创新是企业生命的支柱。推动产品研发的主要因素包括：

①产品生命周期理论要求企业不断开发新产品。因为任何产品不管其在投入市场时如何畅销，总有一天会退出市场，被更好的新产品所取代。所以，一个成功的企业和有智慧的经营者，应该未雨绸缪，抢夺先机，开发新产品。

②消费者需求的变化需要企业不断开发新产品。消费者市场具有无限的扩展性，一种需求满足了，又会产生新的需求。适应市场需求的变化，需要企业不断开发新产品，开拓新市场。

③市场竞争的加剧迫使企业不断开发新产品。企业的市场竞争力往往体现在其产品满足消费者需求的程度及领先性上。现代市场上，企业间的竞争日趋激烈，企业要想在市场上保持竞争优势，只有不断创新，开发新产品。

10）战略管理

战略管理是指对一个企业或组织在一定时期的全局的、长远的发展方向、目标、任务和政策，以及资源调配做出的决策和管理活动。

1.2.4 企业经营与管理的关系

经营和管理密不可分。在商品经济高度发达的市场经济条件下，企业管理的职能要延伸到研究市场需要、开发适销产品、制定市场战略等方面，从而使企业管理必然发展为企业经营管理。管理是基础，管理始终贯穿于整个经营的过程，没有管理，就谈不上经营。管理的结果最终在经营上体现出来，经营结果代表管理水平。

2 能力训练

2.1 训练内容

(1)认知生产型企业的特点。
(2)认知资产负债表、损益表、现金流量表的结构。
(3)认知企业管理的主要内容。

2.2 训练步骤

(1)列举生活中典型的生产型企业，讨论并描述其生产类型、基本的运营流程和组织结构。
(2)查阅资料，认知资产负债表、损益表和现金流量表的结构，并尝试用excel工具将教材表格电子化。
(3)查阅资料，了解企业管理各内容对应的岗位，确定自己感兴趣的岗位。

2.3 训练结果

(1)资产负债表、损益表和现金流量表的电子表格。
(2)岗位意向调研结果。

2.4 课后思考

(1)常见的企业经营分析方法有哪些？
(2)连续性生产和离散性生产的区别是什么？
(3)以产定销和以销定产的经营模式有何区别？
(4)如何理解企业经营与管理的关系？
(5)结合图1-1所示的生产型企业组织结构，试列举该企业经营管理的内容。

任务二 认知工具——企业经营管理沙盘

1 知识链接

1.1 企业经营管理沙盘

"企业经营管理沙盘模拟"源自西方军事上的军事沙盘模拟推演。军事沙盘模拟推演通过红、蓝两军在战场上的对抗与较量,发现双方战略战术上存在的问题,提高指挥员的作战能力。英、美知名商学院和管理咨询机构很快意识到这种方法同样适合企业对中、高层经理的培养和锻炼,随即对军事沙盘模拟推演进行了广泛的借鉴与研究,最终开发出了"企业经营管理沙盘模拟"这一新型现代培训模式。

"企业经营管理沙盘模拟"是将企业的各个部门和业务抽象浓缩在"企业沙盘"上,模拟企业的采购、生产、销售等主要业务流程以及相关的主要管理工作,并设定一定的经营规则和商业环境,让参与的学生对企业进行战略规划、资金筹集、销售预测、市场营销、生产规划、材料采购、生产执行、库存管理、产品研发、资质认证、设备更新以及财务核算等业务的经营和决策。经过若干虚拟会计期间的经营,学生们对企业所做的不同决策和经营,将产生不同的经营效果,或盈利,或亏损,甚至破产。本书以 ITMC 沙盘作为教学平台,企业经营管理沙盘的电子盘面如图 1-2 所示。

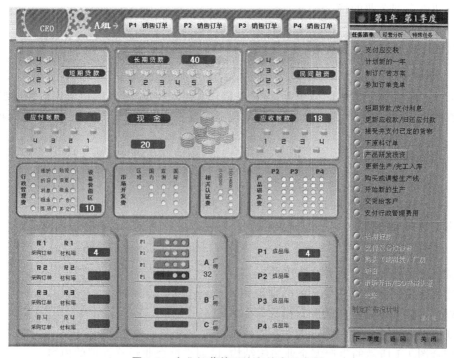

图 1-2 企业经营管理沙盘的电子盘面

1.2 沙盘模拟整体方案介绍

企业经营管理沙盘模拟的教学形式是以多套企业沙盘模型为基础,将所有参与者分成若干组,每个小组代表一个模拟经营企业,并让学生为自己的企业取名,制定企业管理制度,建立企业组织机构,明确企业岗位职责。然后对每个小组成员进行角色定位,明确每个成员的岗位责任,一般为总经理 CEO、营销主管 CSO、运营主管 COO、财务主管 CFO 四个角色。模拟企业要在一个开放的模拟市场环境中进行模拟经营,就要了解一定的市场规则,综合考虑各种市场竞争因素,分析市场、制定战略、营销策划、组织生产、管理财务等,在瞬息万变的市场环境中为企业谋求发展。

这种形象直观的模拟方式让各个小组如同身临其境,真正感受市场竞争的激烈与残酷,了解企业的运作过程和主要业务的管理方法,体验"利益共享,风险共担"的痛苦与快乐。在紧张而有趣的对抗竞争中,在成功与失败的经验总结中,学生由感性到理性地学习企业管理知识,了解企业运作的基本流程,体验团队沟通与协作的重要性,从而全面提升自己经营管理的素质与能力。图 1-3 是某校学生正在进行企业沙盘模拟经营。

图 1-3 企业沙盘模拟经营的场景

在某个经营年经营结束后,通过企业经营管理沙盘模拟系统对比各个小组的经营状况,图 1-4 至图 1-6 是各组经营指标分析。

1.3 沙盘模拟中的管理角色及业务分工

沙盘模拟过程中,每个模拟企业都要完成一系列的工作,为此,参照一般生产型企业的组织结构,模拟企业内部也应该设置总经理、营销主管、运营主管、财务主管等一系列管理角色(见图 1-7)。参训学生可以 4~6 人一组组成模拟企业,每个人担任不同的管理角色。如果人员不足,可以一人负责两个部门的业务;如果人员稍多,也可以将一个角色的职责进行细分,由不同的学生来担任。

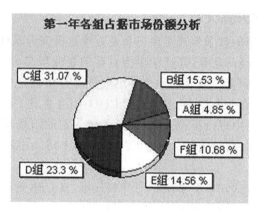

图 1-4 某年各组市场占有率

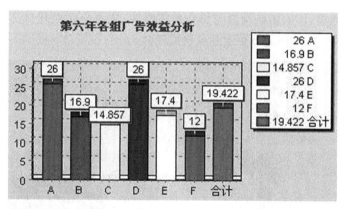

图 1-5 某年各组广告效益分析

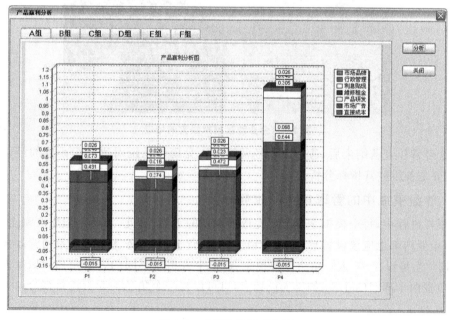

图 1-6 各组产品盈利分析

总经理　　　　营销主管　　　　运营主管　　　　财务主管

图 1-7　沙盘模拟中的管理角色

模拟企业内部各角色的岗位职责如表 1-1 所示。

表 1-1　模拟企业内部的管理角色及职责

角　色	职　责
总经理	制定企业发展战略规划
	带领团队共同制定企业决策
	审核财务状况
	分析企业盈利(亏损)状况
	协调团队内部沟通,进行意见的最终裁决
营销主管	稳定企业现有市场,积极拓展新市场
	市场预测分析,制订销售计划
	合理投放广告
	根据企业生产能力取得匹配的客户订单
	沟通生产部门,确保按时交货
	监督货款的回收
运营主管	负责企业的生产管理
	协调完成生产计划,控制生产成本
	落实生产计划和原材料的调度
	保持生产正常运行,及时交货
	组织新产品研发,扩充改进生产设备
	做好生产车间的现场管理
财务主管	筹集和管理资金
	制定现金预算
	支付各项费用,核算成本
	核算企业经营成果,做好财务分析
	对成本数据进行分类和分析

组建企业管理团队后,企业管理团队将领导企业未来的发展,在变化的市场中应对市场竞争。企业能否顺利运营下去取决于管理团队正确决策的能力。每个团队成员尽可能在做出决策时利用自己的知识和经验,不要匆忙行动而陷入困境。

在经营过程中,模拟企业内部可以进行角色互换,从而使学生体验角色转换后的考虑问题出发点的相应变化,学会换位思考,加强团队协作意识。在企业经营模拟的过程中,不要怕犯错误,对于初学者来说,往往犯的错误越多,收获就越大。学习的目的就是发现问题、解决问题。

同时,各模拟企业在经营过程中还要频繁地与外部环境中的相关机构以及工作人员发生业务联系。表1-2列举了一些主要的外部机构、人员和职责。

表1-2 模拟企业外部的机构、人员及职责

外部机构、人员	职　责
银行、民间融资机构	审查贷款申请
	发放贷款与回收贷款
供应商	接受原料采购订单
	提供原材料
	接收原材料款
	承建厂房、生产线
销售市场管理员/客户	提供产品订单
	发放订单
	接收产品
	支付货款
	核发市场转入证
政府机构	发放产品生产许可证
质量认证机构	核查企业质量认证资格,发放质量体系认证证书

在企业模拟经营中,外部角色可以由多人分别承担,也可以由一个人扮演。在企业经营管理沙盘培训课程中,结合具体任务,教师与学生扮演着不同的角色,表1-3列出了这些角色。

表1-3 教师与学生在课程的不同阶段的角色

课程阶段	具体任务	教师角色	学生角色
组织准备工作		引导者	认领角色
基本情况描述		企业前任管理层	新任管理层
企业运营规则		企业前任管理层	新任管理层
初始状态设定		引导者	新任管理层

续表

课程阶段	具体任务	教师角色	学生角色
企业经营竞争模拟	战略制定	商务、媒体信息发布	角色扮演
	融资	股东、银行家、民间融资机构	角色扮演
	争取订单、交货	客户	角色扮演
	购买原料、下订单	供应商	角色扮演
	流程监督	审计	角色扮演
	规则确认	咨询顾问	角色扮演

2 能力训练

2.1 训练内容

(1)构建模拟企业,组建团队,确定团队成员分工。
(2)明确岗位职责。

2.2 训练步骤

(1)按照任务一的训练结果,每名学生根据自己的岗位意向自由组合,一般建议教学班内分成8~10组,4~6人一组,进行模拟企业的构建。要求每组中配备总经理、营销主管、运营主管、财务主管各1人(如果超过4人,可将财务主管分解为财务主管和财务助理2个角色,运营主管分解为采购主管和生产主管2个角色)。

(2)教师根据实际情况进行人员调整(若课时允许进行多轮经营,建议记录个人得分,模拟企业的人员构成可根据学生成绩进行排位)。

2.3 训练结果

每个模拟企业完成企业信息记录表,如表1-4所示。

表1-4 模拟企业信息记录表

企业名称：

角色	学号	姓名	职责	备注
总经理				
营销主管				
运营主管				
财务主管				
……				

2.4 课后思考

(1)模拟企业的外部机构、人员主要有哪些？主要职责是什么？
(2)了解岗位职责之后,提前做哪些准备工作可以使得自己在模拟企业经营时更好地履行岗位职责？

项目 2 企业经营管理模拟运作准备

一、项目概述

本项目介绍了企业经营管理物理沙盘的教具和盘面,并结合电子沙盘的初始年状态完成物理沙盘盘面设置;讲解了运营管理相关的沙盘模拟规则,主要包括市场开发、订单竞单、采购、生产、质量认证和新产品研发、财务等多个环节。通过本项目的学习,学生将了解企业经营管理沙盘模拟课程的教学过程和教学工具,理解通过沙盘学习企业经营管理的意义和作用,掌握营销管理、运营管理、财务管理相关的沙盘模拟规则,体会企业把运营战略、新产品开发、产品设计、采购供应、生产制造、产品配送直至售后服务看作一个完整的"价值链",对其进行集成管理的思路。

二、教学重点与难点

(1)重点:沙盘教具的含义及用法、企业沙盘经营规则。

(2)难点:利用沙盘教具完成物理沙盘盘面初始状态设置、广告竞单、订单违约处理、批量采购、产品直接成本、生产线折旧、生产线变卖、贷款与贴现的区别、所得税计算。

(3)解决方案:教师从订单竞单、采购、生产、产品研发、质量认证、贷款、融资、贴现、应缴税金等多角度,针对重难点配合沙盘教具进行演示,加深学生对企业沙盘经营规则的理解。

三、任务分解

任务一:盘面准备——物理沙盘初始状态设置。
任务二:经营准备——企业沙盘模拟经营规则。

任务一 盘面准备——物理沙盘初始状态设置

1 知识链接

1.1 企业经营管理物理沙盘盘面

企业经营管理沙盘有物理沙盘和电子沙盘两种形式,这两种形式的沙盘都是将生产型企业的整体业务流程所涉及的主要职能抽象归纳到一个平面上,其主要业务涉及"采购业务""生产业务""库存业务""营销业务""销售业务""财务业务""产品研发业务""质量保障业务"和"市场开拓业务"。学生按照企业的业务流程,在沙盘盘面上对这些业务职能进行操作,从而充分反映出企业经营过程中所涉及的物流、资金流和信息流,发现企业经营管理中的问题。

其中物理沙盘比较直观,容易入手,故先介绍物理沙盘的盘面,如图 2-1 所示。

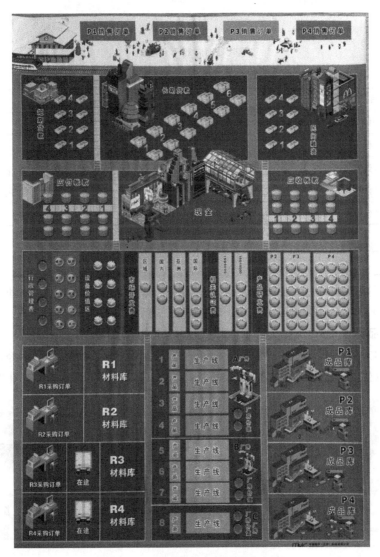

图 2-1 企业经营管理物理沙盘盘面

1.2 沙盘教具

1.2.1 游戏币和空桶

沙盘借助游戏币和空桶实现企业内部涉及的物流和资金流。不同颜色的游戏币代表企业经营所需的资金和原材料;空桶既是盛放游戏币的容器,又是用来下原材料订单的工具,如图 2-2 所示。游戏币的功能与颜色如表 2-1 所示。

图 2-2　游戏币和空桶

表 2-1　游戏币的功能与颜色

游戏币的功能	游戏币的颜色	备注
钱币	蓝色	每个币代表一百万元资金
R1 原材料	红色	每个币代表1个价值一百万元的原材料
R2 原材料	绿色	
R3 原材料	灰色	
R4 原材料	黄色	

1.2.2　订单卡片

订单卡片是每个模拟企业在订单竞单之后获取的客户订单信息,上面记录了该订单所在市场、产品类型、订货数量、单价、订单总金额、订单交货后应收账款的账期以及质量认证资格(ISO 9000 或 ISO 14000)。一张第四年的订单卡片如图 2-3 所示。

1.2.3　产品标识

产品标识用来标识企业已经研发完毕,可以进行生产的产品类型,在企业经营管理沙盘中,企业有四种可以生产的产品,分别为 P1 产品、P2 产品、P3 产品和 P4 产品,如图 2-4 所示。

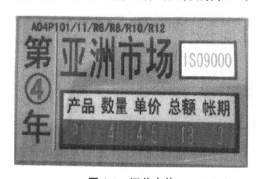

图 2-3　订单卡片　　　　　　　　　图 2-4　产品标识

1.2.4　厂房和生产线

厂房是企业的固定资产,是安放生产设备、生产产成品的场所。企业经营管理沙盘中有四种类型的生产线,分别为手工生产线、半自动生产线、全自动生产线和柔性生产线,不同的生产线生产能力和灵活性不同。企业可以根据市场环境和战略规划,选择合适的生产线组织生产。模拟企业中四种不同的生产线如图 2-5 所示。

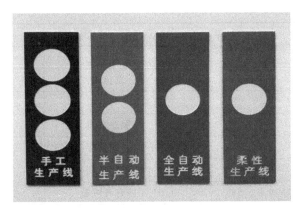

图 2-5 四种不同的生产线

1.3 模拟企业初始状态设置

1.3.1 企业发展现状

企业经营管理沙盘模拟的是一个生产型企业,该企业长期以来一直专注于某行业 P 产品的生产与经营,目前生产的 P1 产品在本地市场知名度很高,客户也很满意。同时企业拥有自己的厂房,生产设施齐备,状态良好。最近,一家权威机构对该行业的发展前景进行了预测,认为 P 产品将会从目前的相对低技术水平发展为高技术产品。为了适应技术发展的需要,企业董事会及全体股东决定将企业交给一批优秀的新人去发展(模拟经营者),他们希望新的管理层能完成以下工作:

(1) 投资新产品的开发,使企业的市场地位进一步得到提升;
(2) 开发本地市场以外的其他新市场,进一步拓展市场领域;
(3) 扩大生产规模,采用现代化生产手段,努力提高生产效率;
(4) 研究在信息时代如何借助先进的管理工具提高企业管理水平;
(5) 增强企业凝聚力,形成鲜明的企业文化;
(6) 加强团队建设,提高组织效率。

简而言之,随着 P 产品从相对低水平发展为高技术产品,新的管理团队必须要创新经营、专注经营,只有这样,才能完成企业董事会及全体股东的期望,实现良好的经营业绩。

1.3.2 企业目前财务状况

各模拟企业初始状态相同。每个企业的总资产都为 1 亿元(100M,M 代表百万元),其中固定资产 42M,流动资产 58M,负债 42M,所有者权益 58M。

企业初始资产负债表如表 2-2 所示。

表 2-2 模拟企业初始资产负债表(单位:M)

资　　产	本　　年	负债及所有者权益	本　　年
固定资产:		负债:	
土地和建筑	32	长期负债	40
机器和设备(含在建工程)	10	短期负债	0
总固定资产	42	应付款	0

续表

资产	本年	负债及所有者权益	本年
流动资产：		应交税	2
现金	20	总负债	42
应收款	18	权益：	
在制品	8	股东资本	45
成品	8	利润留存	9
原料	4	年度净利	4
总流动资产	58	所有者权益	58
总资产	100	负债加权益	100

1.3.3 设置初始状态所需的教具

基于企业经营管理沙盘的初始电子盘面，结合模拟企业初始资产负债表，以及企业各项经营指标在沙盘上的表示方法，各模拟企业为完成初始状态设置所需的教具种类和领取人如表2-3所示。

表2-3 设置初始状态所需的教具和领取人

教具种类	具体说明	领取人
资金		财务主管
市场准入资格证	本地市场准入资格证	营销主管
生产线	手工生产线、半自动生产线	运营主管
产品标识	P1产品标识	运营主管
生产资格证	P1产品生产资格证	运营主管
原料	R1原料	运营主管
空桶		不限

1.3.4 初始状态设置过程

沙盘模拟不是从创建企业开始，而是从上届决策者手里接手一个已经运营了一段时间的企业，企业已经取得了一定的成绩。虽然已经在模拟企业初始状态说明中获得了企业运营的基本信息，但还需要把体现企业运营情况的文本数字生动地再现到沙盘盘面上，为下一步的企业运营做好铺垫。

通过初始状态设定，学生深刻地感受到财务数据与企业业务的直接关联性，理解财务数据是对企业运营情况的一种总结提炼，为今后"透过财务看经营"做好思想上的准备。下面按照步骤来设置企业的初始状态。

1）固定资产

固定资产是指企业为生产产品、提供劳务、出租或者经营管理而持有的、使用时间超过12个月的，价值达到一定标准的非货币性资产，主要包括房屋、建筑物、机器设备和运输设备等。在该模拟企业中，固定资产分为：

①土地和建筑。目前，模拟企业拥有一个A厂房，价值计32M。由财务主管取32个蓝币，

用空桶装好并放置于A厂房的厂房价值处。

②机器设备。目前,A厂房中有手工生产线3条,每条当前净值为2M;半自动生产线1条,当前净值为4M,因此机器设备价值共计10M。由运营主管放置生产线和产品标识,财务主管取10个蓝币和4个空桶,空桶中分别置入2个、2个、2个、4个蓝币,并放置于设备价值区对应生产线编号处。

综合以上两项,企业固定资产共计42M。

2) 流动资产

流动资产是指企业可以在一年或者超过一年的一个营业周期内变现或者运用的资产,主要包括现金、短期投资、应收款项和存货等。在该模拟企业中,流动资产分为:

①现金。目前,模拟企业拥有现金20M。财务主管取20个蓝币,置入1个空桶内,放置于现金区。

②应收账款。应收账款是企业向客户交付货品后,应向客户收取的货款,按照客户订单的约定,客户应该在指定的账期内支付货款,因此,应收账款的放置要考虑货款金额和账期两个因素。目前,模拟企业有应收账款共计18M,其中9M的账期为3,剩下9M的账期为4。由财务主管取2个空桶,分别放入9个蓝币,然后将两笔应收账款放置于账期3和4的位置。每过一个季度,应收账款的账期向现金方向挪动一期。

③在制品。在制品指生产线上正在生产的产品。每种产品都由不同原材料经过加工、装配而成,在加工中要花费人力,要使用设备,这些费用称为加工费(或工人工资)。所以,在沙盘模拟中,用原材料和加工费的组合表示在制品和成品。目前,模拟企业4条生产线上分别有在不同生产周期的P1在制品1个,每个价值2M,共计8M。由于生产一个产品的加工费为1M,P1的原材料为1个R1(1个红币),所以由运营主管取4个空桶,里面分别放1个蓝币和1个红币,组成4个P1,分别放置于4条生产线对应的生产周期上。

④成品。目前,模拟企业成品库有4个P1产品已完工,每个价值2M,共计8M。因此,运营主管取4个空桶,每个空桶置入1个蓝币和1个红币,放置于成品库中。

⑤原材料。目前,模拟企业原材料库有4个R1原材料,每个价值1M,共计4M。因此,运营主管取4个空桶,每个空桶置入1个红币,放置于材料库中。

还需要注意的是,对于2个R1原材料订单,运营主管需要拿出2个空桶,放置于R1采购订单处。

综合以上五项,企业流动资产共计58M。

3) 负债

企业负债可分为短期负债和长期负债。短期负债是指在一年内或超过一年的一个营业周期内需要进行清偿的债务,而长期负债是指偿还期限在一年或者一个营业周期以上的债务。在该模拟企业中,负债分为:

①长期负债。目前盘面上,有第四年年末到期的长期负债20M,第五年年末到期的长期负债20M,因此企业长期负债共计40M。由财务主管将两个空桶分别放置于第四年和第五年的位置上。沙盘上长期负债每个位置代表一年,上面的数字代表还款年数,长期贷款每过一年需要向现金方向移动一期,来更新还款时间。

②短期负债。目前企业没有短期负债。

③应付账款。目前企业没有应付账款。

④应交税金。根据纳税规则,目前企业有应交税金2M。税金在下一年年初缴纳,此时没有对应操作。

综合以上四项,企业负债共计42M。

4) 所有者权益

所有者权益是指企业资产扣除负债后由所有者享有的剩余权益,是企业投资人对企业净资产的所有权。所有者权益包括股东资本、利润留存和年度净利润。股东资本是指股东的投资,利润留存是指历年积累下来的利润总和,年度净利润是指当年的净利润。在该模拟企业中,所有者权益分为:

①股东资本。目前企业股东资本为45M。

②利润留存。目前企业利润留存为9M。

③年度净利润。本年度企业净利润为4M。

综合以上三项,企业所有者权益共计58M。

在明确需要领取的沙盘教具以及初始盘面设置过程以后,各模拟企业可以按照以上说明完成初始状态设置,在设置的过程中,将更为形象深刻地认识各种沙盘教具的使用方法。

1.4 模拟企业经营环境

一家权威市场调研机构对模拟市场进行了8年的市场需求预测,预测的市场包括本地市场、区域市场、国内市场、亚洲市场和国际市场,预测的可信度很高。P1产品是目前市场上的主流产品。P2产品作为P1的技术改良产品,也比较容易获得大众的认同。P3和P4产品作为P系列产品的高端产品,各个市场对它们的认同度不尽相同,需求量和价格差异较大。

目前,产品的市场需求量预测如图2-6所示。

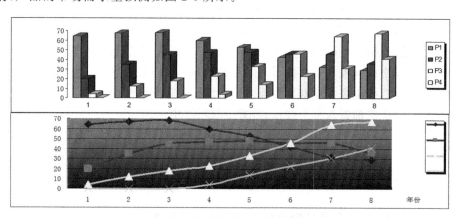

图2-6 产品的市场需求量预测

从图2-6可以看出,P1产品由于技术水平低,虽然近几年需求较旺,但未来会逐渐下降。P2产品是P1产品的技术改进版,虽然技术优势会带来需求的一定增长,但随着新技术出现,需求最终会下降。P3、P4为全新技术产品,发展潜力很大。从企业长远发展来看,股东期望投资新产品P2、P3、P4的开发,使企业的市场地位得到进一步提升;开发本地市场以外的其他新市场,进一步拓展市场领域;同时扩大生产规模,采用现代化生产手段,努力提高生产效率。

那么,企业要想谋求持续不断的发展,就必须清楚地了解各个市场对不同产品的认同度,了解需求量与价格的变化。下面根据不同的目标市场进行详细分析。

1) 本地市场分析

本地市场预测图如图 2-7 所示。

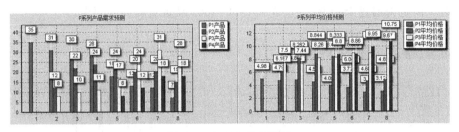

图 2-7　本地市场预测图

从图 2-7 可以看出，本地市场将会持续发展，客户对低端产品 P1 的需求会出现下滑，伴随着需求的减少，低端产品 P1 的价格也逐步降低。P2 产品是 P1 产品的技术改进版，虽然前期发展态势较好，但之后需求量和价格也会下降。后几年，随着高端产品的成熟，市场对 P3、P4 产品的需求逐渐增大，高端产品的价格也随着需求的增加而逐步提高。同时随着时间的推移，客户的质量意识将不断提高，后几年可能会对厂商是否通过 ISO 9000 认证和 ISO 14000 认证有更高的要求。

2) 区域市场分析

区域市场预测图如图 2-8 所示。

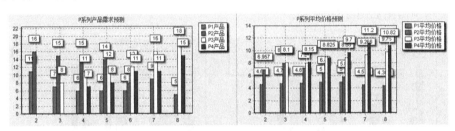

图 2-8　区域市场预测图

从图 2-8 可以看出，区域市场需求量的波动比较平稳，说明区域市场的客户对 P 系列产品的喜好相对稳定。该市场产品需求量的走势与本地市场相似，价格趋势也大致相同。但由于受到地域的限制，该市场的需求总量非常有限。并且这个市场上的客户相对比较挑剔，后几年，客户会对厂商是否通过 ISO 9000 认证和 ISO 14000 认证有较高的要求。

3) 国内市场分析

国内市场预测图如图 2-9 所示。

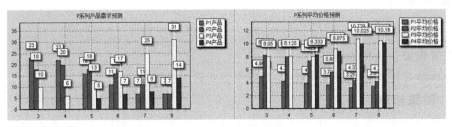

图 2-9　国内市场预测图

从图 2-9 可以看出，国内市场对 P1 产品的需求热度不会持久，但该市场的客户对 P2 产品的认同度较高,所以需求会一直比较平稳。随着客户对新产品 P3 的逐渐认同,P3 产品的需求量会增长较快,但这个市场上的客户对 P4 产品并不是那么认同。当然,对于高端产品来说,客户同样会对厂商是否通过 ISO 9000 认证和 ISO 14000 认证有较高的要求。

4)亚洲市场分析

亚洲市场预测图如图 2-10 所示。

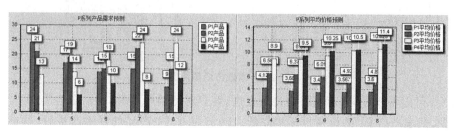

图 2-10　亚洲市场预测图

从图 2-10 可以看出,亚洲市场的客户喜好波动较大,不易把握,所以 P1 产品的需求起伏较大,P2 产品的需求走势与 P1 相似。但该市场对新产品很敏感,因此 P3、P4 产品的需求量会增长较快,价格也会很高。另外,这个市场的消费者很看重产品的质量,所以在以后几年里,如果厂商没有通过 ISO9 000 和 ISO 14000 认证,其产品可能很难销售。

5)国际市场分析

国际市场预测图如图 2-11 所示。

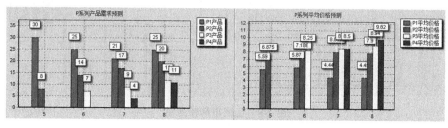

图 2-11　国际市场预测图

从图 2-11 可以看出,企业进入国际市场需要较长时间。目前该市场的客户比较认同 P1 产品,需求比较旺盛。对于 P2 产品,客户也在逐渐接受,但需求量仍需要一段时间才会提升。对于 P3、P4 这两种高端产品,该市场的客户持观望态度,需求发展极慢。因为产品需求主要集中在低端产品,所以客户对 ISO 国际认证的要求并不高,但也不排除后期会有这方面的需求。

2　能力训练

2.1　训练内容

(1)设置模拟企业初始状态。

(2)分析沙盘模拟经营的市场环境,制定本企业的市场策略。

2.2　训练步骤

(1)利用物理盘面和教具,手工还原模拟企业初始状态,并详细记录模拟企业初始状态的相关数据。

(2)分析附录 A 中的 10 组订单信息表,对四种产品的五个市场进行对比分析,并详细记录市场分析的相关数据,组内讨论后,确定企业的市场策略。

2.3 训练结果

1) 模拟企业初始状态记录表

模拟企业初始状态记录表如表 2-4 所示。

表 2-4 模拟企业初始状态

模 拟 企 业	状 态 数 据
固定资产	
流动资产	
负债	
所有者权益	

2) 市场分析记录表

10 组订单市场分析记录表如表 2-5 至表 2-8 所示。

表 2-5 10 组订单 P1 产品市场分析记录

P1	本 地			区 域			国 内			亚 洲			国 际		
	产品数量	订单数量	均价	产品数量	订单数量	均价	产品数量	订单数量	均价	产品数量	订单数量	均价	产品数量	订单数量	均价
第一年															
第二年															
第三年															
第四年															
第五年															
第六年															

表 2-6 10 组订单 P2 产品市场分析记录

P2	本 地			区 域			国 内			亚 洲			国 际		
	产品数量	订单数量	均价	产品数量	订单数量	均价	产品数量	订单数量	均价	产品数量	订单数量	均价	产品数量	订单数量	均价
第一年															
第二年															
第三年															
第四年															
第五年															
第六年															

表 2-7　10 组订单 P3 产品市场分析记录

P3	本地			区域			国内			亚洲			国际		
	产品数量	订单数量	均价	产品数量	订单数量	均价	产品数量	订单数量	均价	产品数量	订单数量	均价	产品数量	订单数量	均价
第一年															
第二年															
第三年															
第四年															
第五年															
第六年															

表 2-8　10 组订单 P4 产品市场分析记录

P4	本地			区域			国内			亚洲			国际		
	产品数量	订单数量	均价	产品数量	订单数量	均价	产品数量	订单数量	均价	产品数量	订单数量	均价	产品数量	订单数量	均价
第一年															
第二年															
第三年															
第四年															
第五年															
第六年															

3）企业拟采用的市场策略

2.4　课后思考

（1）物理沙盘盘面包括哪些职能中心？
（2）代表 R1、R2、R3、R4 原材料的游戏币分别是什么颜色？
（3）结合初始年盘面设置，思考如何从物理沙盘盘面判断企业应收账款或者贷款是否到期。
（4）简述 P1、P2、P3、P4 产品在经营年中各市场的需求和价格变化趋势。
（5）简述市场分析对企业经营决策的重要性。

任务二 经营准备——企业沙盘模拟经营规则

1 知识链接

1.1 沙盘营销规则

1.1.1 订单竞单

(1)订货会于年初召开,一年只召开一次。每年年初,企业的营销主管根据企业的战略规划和营销计划,在充分分析市场的基础上,在目标市场投放产品的广告费,争取客户订单。例如,如果在该年年初的订货会上只拿到两张订单,那么在当年的经营过程中,再也没有获得其他订单的机会。

(2)选单排名顺序和流程。广告是分市场、分产品投放的。按每个市场单一产品广告投入量,企业依次选择订单。如果企业在同一市场同一产品的广告投入相同,则比较各企业该产品的所有市场广告投入之和;如果单一产品所有市场广告投入相同,则比较所有产品、所有市场两者的广告总投入;如果所有产品、所有市场两者的广告总投入也相同,那么谁先提交广告方案,谁优先选单。

需要注意的是:

每个市场每种产品至少投入 1M,才有机会选单。无论每个企业投入了多少广告费,每轮只能选择一张订单,本轮结束后,如果还有剩余订单,则按照广告费投入多少的顺序进行第二轮选单,依此类推。各个市场的产品数量有限,并非投放了广告就一定能得到订单。

1.1.2 客户订单

图 2-12 是第四年亚洲市场的一个客户订单。以本订单为例,说明客户订单包含的各项内容:

图 2-12 客户订单

(1)订单出现的时间和市场。图 2-12 中的客户订单出现在第四年,市场是亚洲市场。

(2)所订的产品、数量、单价、总额、账期。一张订单只对应一种产品。本订单所订产品为 P1,数量为 4 个,单价为 4.5M,总金额为 4.5×4=18M,账期为 3 个季度。订单的账期代表生产企业向客户交货后,收到货款的时间。本订单的账期为 3 个季度,表示生产企业向客户交货后 3

个季度才能收到货款。如果账期为0,则向客户交货后立刻收取现金。

(3) 对生产企业质量认证资格的要求。主要要求生产企业通过 ISO 9000 或 ISO 14000 认证。本订单要求生产企业必须具有 ISO 9000 质量认证资格。

(4) 对产品交货方式和交货期的要求。对产品交货方式的要求是"整单交货",一张订单中所订的产品必须按照数量要求一次性交货,不能分几次交货。对交货期的要求是"年内交货",即一般订单可在取得订单年度内的任何一个季度交货,但有一类订单比较特殊,称为"加急单",订单上会标注"加急"条件,该订单要求企业必须在取得订单年度内的第一个季度交货。

1.1.3 交货给客户

所有订单必须在规定的期限内交货,即加急订单必须在第一季度交货,普通订单必须在本年度交货。如果没有按时交货,则扣除订单金额的 25% (四舍五入取整) 作为违约金。当年未交货的订单下一年仍需要交货,否则继续缴纳违约金。

1.1.4 市场开发

模拟企业目前已经拥有本地市场,可以在本地市场销售 P1 产品。在进入其他市场之前,企业需要花费一定的时间和费用来开发市场。除了本地市场,模拟企业还可以开发的市场有区域市场、国内市场、亚洲市场和国际市场。市场划分与开发规则如表 2-9 所示。

表 2-9 市场划分与开发规则

市　　场	每年费用/M	开发时间/年	开发总费用/M
本地	0	0	0
区域	1	1	1
国内	1	2	2
亚洲	1	3	3
国际	1	4	4

在模拟过程中,可以分别开发各市场,即开发完一个市场后,再开发另一个市场,也允许同时开发多个市场。市场开发投资在每年的年末进行,按年度支付,但每个市场每年最多投资 1M,不允许加速投资。市场开发不要求每年连续投入,在资金短缺的情况下可以停止对该市场的投资,但已经付出的投资不能收回,如果在停止开发一段时间后想继续开发该市场,可以在以前投入的基础上继续投入。当某个市场开发完毕之后,企业就赢得了在这个市场销售产品的资格,下一年度就可以在此市场投入广告费,参与竞单。

1.1.5 质量认证

由于市场对产品质量的要求不断提高,模拟企业可以根据市场需求对产品进行 ISO 9000 或 ISO 14000 质量认证。质量认证需要投入一定的时间和费用,质量认证的具体信息如表 2-10 所示。

表 2-10 质量认证

质 量 认 证	准备时间/年	每年投资/M	总投资/M
ISO 9000	2	1	2
ISO 14000	4	1	4

认证投资可以中断,但准备时间必须得到满足,不允许集中投资,每年需要支付 1M 的费

用。两项认证可同时进行或分别进行,相应投资完成后获得ISO质量认证资格。

1.2 沙盘运营规则

1.2.1 原料采购规则

在模拟企业中,共有R1、R2、R3、R4四种原材料。每种原材料的价值为1M,都需要提前采购。所谓采购提前期是指从下原材料订单到原材料到货需要的时间。不同原材料的采购提前期不同,具体信息如表2-11所示。

表2-11 原材料采购提前期

原 材 料	采购提前期/季度
R1	1
R2	1
R3	2
R4	2

采购原材料采用"货到付款"的方式,即下原材料订单时不产生费用,原材料到货之后,必须照单全收,根据采购量的大小决定向供应商支付现金还是产生应付账款。产生应付账款所对应的原材料批量采购数量和付款账期如表2-12所示。

表2-12 原材料批量采购数量和付款账期

原材料个数	账期/季度
20个以上	4
16~20个	3
11~15个	2
6~10个	1
5个以下	0

1.2.2 产品生产规则

1)生产线

模拟企业有四种生产线,分别为手工生产线、半自动生产线、全自动生产线和柔性生产线。不同的生产线具有不同的生产周期,如图2-13所示。

图2-13中一个矩形代表一个生产周期,即一个季度(1Q=1季度)。手工生产线生产一个产品需要三个季度,半自动生产线生产一个产品需要两个季度,而全自动生产线和柔性生产线只需要一个季度。四种生产线的投资规则如表2-13所示。

表2-13 生产线投资规则

生 产 线	购买价格/M	安装周期/Q	生产周期/Q	转产周期/Q	转产费用/M	残值/M
手工	5	0	3	0	0	1
半自动	8	2	2	1	1	2
全自动	16	4	1	2	4	4
柔性	24	4	1	0	0	6

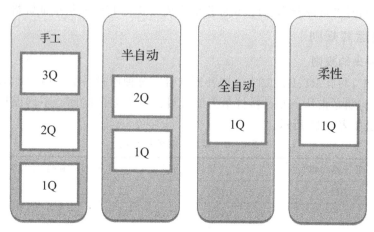

图 2-13 生产线生产周期

①使用：所有生产线都能生产所有产品，即 P1、P2、P3、P4 四种产品可以在任意一种生产线上进行生产，所需支付的加工费均为 1M，但一条生产线上一次只能加工一个产品。

②购买：投资新生产线时按安装周期平均支付购置费用，比如半自动生产线的购买价格是 8M，安装周期是两个季度，则每个季度需要投资 4M。全部投资到位的下一季度领取产品标识，开始生产。投资安装工作可以不连续，允许中断。生产线的安装工作在厂房中进行，不允许在厂房之间移动。

③转产：现有生产线可以转产新产品，但可能需要一定的转产周期并支付一定的转产费用，最后一笔转产费用投资完成后下一个季度即可更换产品标识。手工生产线和柔性生产线可以随时转产，不需要转产周期和费用，但半自动生产线转产需要一个季度，每季度投资 1M，全自动生产线转产需要两个季度，每季度投资 2M。

④变卖：空闲的生产线可以变卖，生产线变卖前需计提折旧。生产线残值与净值的差额计入额外收入/支出。如果生产线折旧后净值等于残值，则将残值转换为现金；如果生产线折旧后净值小于残值，仍将残值转换为现金，而差额计入额外收入；如果生产线折旧后净值大于残值，则继续将残值转换为现金，将差额部分置于综合费用的固定资产清理区，计入额外支出。

2）产品结构

产品结构（BOM）表明了生产产品所需原材料的种类及数量。模拟企业共生产四种产品，分别为 P1、P2、P3 和 P4。产品的结构及原材料成本如表 2-14 所示。

表 2-14 产品的结构及原材料成本

产　　品	原　材　料	原材料成本/M
P1	R1	1
P2	R1+R2	2
P3	2R2+R3	3
P4	R2+R3+2R4	4

每条生产线同时只能有一种产品在线。产品上线时需要支付加工费，不同生产线的生产效率不同，需要支付的加工费也各不相同。各类生产线生产产品的加工费如表 2-15 所示。

表 2-15　各类生产线生产产品的加工费(单位:M)

生产线 产品	手　工	半　自　动	全自动/柔性
P1	1	1	1
P2	2	1	1
P3	3	2	1
P4	4	2	1

1.2.3　产品研发投资

企业想要生产某种产品,必须获得该产品的生产资格,而要获得生产资格,必须完成产品研发。目前,沙盘的初始状态,企业已经获得 P1 产品的生产资格,只需要根据战略规划进行 P2、P3、P4 产品的研发。不同的产品需要的研发费用和研发时间不同,具体信息如表 2-16 所示。

表 2-16　产品研发

产　品	每季度研发费用/M	研发时间/Q	总研发费用/M
P2	1	6	6
P3	2	6	12
P4	3	6	18

产品研发工作可以根据企业的运营需要进行中断,但已经投资的研发费用不能撤回。不允许超前或集中投资,只有按照研发周期完成全部研发投入后,才能获得产品的生产资格。企业根据自己的产品策略来选择研发的产品,不同产品可以同时研发,也可以分开研发。

1.2.4　设备维修费

生产线一旦投资安装完成,不论是否投入使用,每条生产线每年年末都必须支付设备维修费 1M。当年在建的生产线和当年已经变卖的生产线不用支付维修费。

1.3　沙盘财务规则

1.3.1　融资贷款与应收账款贴现

在沙盘模拟中,当企业需要筹集资金的时候,可选择长期贷款、短期贷款、民间融资和应收账款贴现四种方式。融资贷款与应收账款贴现的规则如表 2-17 所示。

表 2-17　融资贷款与应收账款贴现规则

贷款方式	贷款时间	可贷额度	利　率	还款期限/年	归还方式
长期贷款	每年年末	贷款额度−已贷长期贷款	10%	6	年底付息,到期还本
短期贷款	每季随时	贷款额度−已贷短期贷款	5%	1	到期还本付息
民间融资	每季随时	贷款额度−已贷民间融资	15%	1	到期还本付息
应收账款贴现	每季随时	应收账款额	1:7	即刻	变现时贴息

1)长期贷款、短期贷款、民间融资

①贷款额度:上一年权益总计的 2 倍。贷款金额必须按 20 的整数倍申请,如果计算出的贷款额度不是 20 的整数倍,则只能少贷,不能多贷,即在权益的 2 倍范围内取 20 整数倍的最大值。

例如,上年权益为58,则今年的贷款额度只能为100。

②可贷额度=贷款额度－已贷款数目。

③一旦有贷款到期,必须先归还到期的贷款。还完到期的贷款之后,只有还有剩余额度时,才允许重新申请贷款,即不能以新贷还旧贷(续贷)。

2)应收账款贴现

①在沙盘模拟中,贴现是指通过支付一定的费用,将还没有到期的应收账款转换为现金的操作。

②贴现的规则是不管应收账款何时到期,均按照1∶7的利息进行贴现,即从应收账款中取出7M,其中的1M作为贴现费用,即贴息,剩余6M作为现金。

③贴现额度必须是7的倍数,贴现随时可以进行。

1.3.2 所得税

每年所得税计入应交税金,在下一年初缴纳。缴纳税金先弥补前5年的亏损,然后按照税前利润乘以25%四舍五入计算得出。

1.3.3 行政管理费

企业在生产经营过程中会发生诸如办公费、差旅费、招待费等管理费用。模拟企业中,行政管理费在每季度末一次性支付1M,无论企业经营情况好坏、业务量多少,都是固定不变的,这点与实际工作存在差异。

1.3.4 购买(租赁)厂房

模拟企业共有三类厂房,A厂房、B厂房和C厂房,其容纳的生产线数量不同,厂房价值不同。在初始状态下,企业已拥有A厂房,价值32M。

(1)B厂房和C厂房可以购买或者租赁,具体方法是先使用,到年底再决定是购买还是租赁。购买厂房按购买价格一次性付款,租赁厂房按租金标准在每年年末支付租金。支付的租金不考虑厂房开始使用的时间,只要在年底时不购买厂房,则必须支付全年的租金。

(2)自主厂房可以出售,出售后得到4个账期(1个账期为1个季度)的应收账款。

(3)厂房不计提折旧。

厂房投资规则如表2-18所示。

表2-18 厂房投资

厂房	购买价格/M	租金	出售价格/M	容量
A厂房	32	4M/年	32	4条生产线
B厂房	24	3M/年	24	3条生产线
C厂房	12	2M/年	12	1条生产线

1.3.5 计提折旧

厂房不计提折旧,生产线按余额递减法计提折旧,在建工程及当年新建生产线不计提折旧。生产线从建成的下一年起,每年按净值的1/3(四舍五入取整)计算折旧,当生产线价值下降至3M时,每年计提折旧1M。实际操作中,财务主管从设备价值中取出折旧费用置于费用区的"折旧"处。

1.3.6 综合费用

行政管理费、广告费、市场开拓费、生产线变更费、设备维修费、厂房租金、ISO认证费、产品研发费均计入综合费用。

1.3.7 额外收入/支出

变卖生产线时,计提折旧,生产线残值与净值的差额计入额外收入/支出。

2 能力训练

2.1 训练内容

(1)熟练掌握营销规则。
(2)熟练掌握运营规则。
(3)熟练掌握财务规则。

2.2 训练步骤

(1)教师给定场景,学生分组讨论广告方案。

假设目前市场环境下,有8个组在生产P1产品,5个组在生产P2产品。某企业第三年年初投入广告之前,运营主管计算该企业当年产能为7个P1、12个P2。

(2)教师给定广告费用,学生解析选单顺序。

10组竞争环境下,第三年P2产品的广告投放如表2-19所示。

表2-19 P2产品广告投放表(单位:M)

企业名称	本地市场	区域市场	国内市场	广告提交排序
A	4	4	5	1
B	8	9	0	2
C	10	7	6	3
D	7	3	2	4
E	2	3	3	5
F	1	2	1	6
G	4	4	4	7
H	8	5	6	8
I	9	6	7	9
J	5	2	0	10

(3)教师给定订单信息,学生分情况讨论如何交单和交单后何时收到货款。

假设某企业第四年第一季度获得的P1产品订单信息如表2-20所示。

表2-20 P1产品订单信息表

产品	市场	数量/个	单价/M	总额/M	账期/Q
P1	本地	3	4.3	13	4
P1	国内	3	4.4	13	2

(4)教师给定场景,学生分组讨论新产品研发和生产线更新情况。

①若第二年第四季度开始研发P3产品,第三年连续研发P3产品,最早什么时候可以开始

生产 P3 产品？

②企业决定安装 1 条全自动生产线生产 P3 产品,为了能在第四年第一季度开始生产 P3 产品,这条全自动生产线最晚应该在何时购买？

③生产 P1 产品的全自动生产线在第三年第二季度产品下线后决定转产 P2 产品,应该如何支付转产费用？何时可以生产 P2 产品？

④某企业欲出售半自动生产线 1 条,其净值为 3M,出售时该如何处理？若出售该半自动生产线时其净值为 1M,又该如何处理？

(5)教师给定场景,学生分组讨论原材料采购与到货情况。

①如果第三年第三季度采购了 11 个 R2,9 个 R3,请问这两种原材料何时到货,何时付款？

②在第四年第三季度,A 厂房有 2 条柔性生产线用以生产(年末不出售),该企业同时具有生产 P1、P2、P3 产品的资格,假设每一季度原材料库存为 0,如何订购原材料可以满足第五年第一季度的各种生产需求？

(6)学生分组讨论 4 种生产线的折旧规律。

2.3　训练结果

(1)广告方案。

(2)选单顺序。

(3)交单情况。

(4)新产品研发和生产线更新情况。

(5)原材料采购与到货情况。

(6)生产线折旧规律。

2.4 课后思考

(1)企业在什么情况下,才可以为某市场中的某产品打广告?
(2)模拟企业在参与市场竞单过程中,选单顺序是怎样的?
(3)什么情况下会发生订单违约?如何处理违约订单?
(4)产品的交货方式是什么?对交货期有什么规定?
(5)哪种生产线进行转产时需要时间和费用?试分别进行阐述。
(6)生产线可以变卖吗?售价如何确定?
(7)假设本季度欲变卖一条手工生产线,该设备当前净值是 3M,请问卖出这条生产线后,是否会产生额外收入或者额外支出,收入或支出是多少?
(8)什么情况下,生产线不需要缴纳设备维修费?
(9)已知生产线情况如表 2-21 所示,试计算以下情况四种生产线的生产能力(一年最多生产几个产品)分别是多少?

表 2-21 生产线情况及产能

生产线种类	年初在制品情况	产能/个
手工生产线	无在制品	
	在制品处于一季度	
	在制品处于二季度	
	在制品处于三季度	
半自动生产线	无在制品	
	在制品处于一季度	
	在制品处于二季度	
全自动/柔性生产线	无在制品	
	在制品处于一季度	

项目 3 企业经营管理模拟运作体验

一、项目概述

本项目将以一个经营年为周期,介绍年初三项工作、每季度十项工作和年末六项工作。通过物理沙盘和电子沙盘两种方式下的经营体验,学生加深了对企业经营管理流程的理解,在掌握企业沙盘模拟经营规则的基础上,进一步学会运用规则,在明确企业各岗位工作职责的基础上,体会经营过程中各类工作记录表格的关联性,体会团队合作的重要性。

二、教学重点与难点

(1)重点:一个经营年中的每项工作在沙盘上的操作流程、各岗位工作记录表格的作用。
(2)难点:每项工作对企业现金和权益的影响。
(3)解决方案:采用课堂互动的方式,教师针对经营流程配合物理沙盘教具进行讲解,通过电子沙盘进行演示,加强学生的理解。对于各企业的工作记录表格,教师要着重于原理的讲解和填写的示范。

三、任务分解

任务一:使用物理沙盘体验企业经营流程。
任务二:使用电子沙盘体验企业经营流程。

任务一 使用物理沙盘体验企业经营流程

1 知识链接

沙盘模拟经营分为年初、年中和年末三个时间段,其中年中分为四个季度。本任务介绍的企业经营流程,通过物理沙盘实现。

1.1 年初三项工作

1.1.1 支付应缴税,计划新的一年

在新的一年开始之际,首先需要纳税。财务主管按照上年损益表"所得税"一项的数值,取出相应的现金放置于沙盘费用区域的"税金"处。

之后,总经理应当召集各位业务主管召开新年度规划会议,根据各位主管掌握的信息和企业的实际情况,初步提出企业在新一年的各项投资规划。同时,为了能准确地在一年一度的订单竞单环节争取客户订单,还应当根据规划精确地计算出企业在该年的生产能力,确定企业的可接订单数量。

企业在进行新年度规划时,可以从以下几个方面展开。

(1)市场开拓规划。在进行市场开拓规划时,企业应当明确以下几个问题:
①企业的销售策略是什么?
②企业的目标市场是什么?
③什么时候开拓目标市场?

(2)ISO 认证开发规划。在进行 ISO 认证开发规划时,企业应当考虑以下几个问题:
①开发何种认证?
②什么时候开发?

(3)产品研发投资规划。在进行产品研发投资规划时,企业应当考虑以下几个问题:
①企业的产品策略是什么?
②企业从什么时候开始研发?

(4)设备投资规划。企业在进行设备投资规划时,应当考虑以下几个问题:
①新的一年,企业是否要进行设备投资?
②扩建或更新哪种生产线?
③扩建或更新几条生产线?
④什么时候扩建或更新生产线?

1.1.2 制订广告方案

销售产品必须要有销售渠道。对于模拟企业而言,销售产品的唯一途径就是参加订单竞单,争取客户订单。参加订单竞单需要在目标市场投放广告费,只有投放了广告费,企业才有资格在该市场争取订单。企业在投放广告时,应当充分考虑企业的支付能力,即投放的广告费不能超过企业年初未经营前的现金与缴纳税金的差额。

由营销主管通过财务主管从现金区取出广告费放置于费用区的"广告"处。

1.1.3 参加订单竞单

一般情况下,营销主管代表企业参加订单竞单,争取客户订单。但为了从容应对竞单过程中可能出现的各种复杂情况,企业也可由营销主管与总经理或运营主管一起参加订单竞单。

竞单时,应当根据企业的生产能力选择订单,尽可能按企业的产能争取订单,使企业生产的产品在当年全部销售。应当注意的是,企业争取的订单一定不能突破企业的最大产能,否则,如果不能按期交单,将因违约给企业带来损失。为了准确掌握销售情况,科学制订本年度工作计划,企业应将争取到的客户订单进行登记。

1.2 年中每季度十项工作

1.2.1 短期贷款/支付利息

1）更新贷款

财务主管将表示贷款的空桶往现金区方向移动一个季度，表示短期贷款/民间融资离还款时间更接近。如果短期贷款/民间融资已经移至现金区，表示该贷款到期，应还本付息。

2）还本付息

当短期贷款/民间融资到期时，财务主管从现金区拿出短期贷款/民间融资的本金和利息，本金还给银行，利息放置于费用区域的"利息"处。

3）申请新贷款

模拟企业在还有贷款额度时可以向银行新申请短期贷款/民间融资。短期贷款/民间融资借入后，由财务主管放置一个空桶在短期贷款/民间融资的第四账期处，在空桶内放置一张记录该贷款信息的纸条，并将现金放在现金区。

1.2.2 更新应收款/归还应付款

1）更新应收款

财务主管将应收款向现金区方向推进一个季度。当应收款到达现金区时，表示应收款到期。

2）应收款收现

如果应收款到期，财务主管应从客户处领回相应现金，放入现金区。

3）更新应付款

财务主管将应付款向现金区方向推进一个季度。当应付款到达现金区时，表示应付款到期，必须用现金偿还，不能延期。

4）归还应付款

财务主管从现金区取出现金付给供应商。

5）贴现

财务主管从客户处收取想要贴现的应收账款，取出其中的 1/7 作为贴现利息，放置于费用区域的"贴现"处，剩下的 6/7 放置于现金区。

1.2.3 接受并支付已定的货物

1）接收原材料

运营主管将放置于原材料订单或在途物资区域上的空桶挪至原材料仓库，在里面放入相应颜色的原材料。

2）支付货款

运营主管需要根据每种原材料采购批量判断应付账款的账期。如果用现金支付，则从现金区取出相应的现金，交给供应商；如果产生应付账款，则在沙盘的应付账款区域用空桶置于相应的账期上。

1.2.4 下原料订单

运营主管确定原材料采购的种类和数量后，取出相应数量的空桶（一个空桶代表一个原材料），置于相应原材料的"采购订单"处。

1.2.5 产品研发投资

运营主管从财务主管处申请研发所需要的现金，放置在"产品研发费"对应位置的空桶内。

如果产品完成研发投资,则企业取得该产品的生产资格,当季就可以领取产品标识开始生产该产品。

1.2.6 更新生产/完工入库

1)更新生产

运营主管将生产线上的在制品向产成品仓库方向移动一个季度。

2)完工入库

当在制品移出生产线时,代表产品生产完毕,运营主管将移出生产线的产品置于相应的成品库中。

1.2.7 购买或调整生产线

1)购买新生产线

①领取标识。运营主管领取新生产线标识,将标识正面向下放置于某厂房空置的生产线位置,并在标识上面放置与该生产线安装周期数量相同的空桶,代表安装周期。在"产品"标识处放上此生产线打算生产的产品标识。

②支付安装费。运营主管每个季度向财务主管申请生产线投资费用,放置在其中的一个空桶内。当每个空桶内都放置了每季投资费用后,表明费用全部支付完毕,在全部投资完成后的下一季度,将生产线标识正面向上翻转过来,将所有桶内的投资费用集合后,放置于"设备价值区"相应位置后,生产线就可以投入使用了。

2)生产线转产

①更换标识。运营主管将原产品标识更换为新的产品标识,并将新的产品标识正面向下放置于生产线的"产品"标识处,待该生产线转产期满可以生产产品时,再将该产品标识正面向上翻转过来。转产需要几个季度,运营主管就取出几个空桶,放置于生产线上。

②支付转产费。如果转产需要支付转产费,则运营主管每个季度向财务主管申请转产费,放置在其中的一个空桶内,当每个空桶内都放置了每季转产费用后,表明转产费用全部支付完毕,在全部投资完成后的下一季度,将产品标识正面向上翻转过来,将所有桶内的转产费用集合后,放置于费用区的"变更"处。

3)变卖生产线

①变卖。生产线只能按残值变卖。变卖时,将生产线及其产品标识交还,计提折旧,从设备价值区取出折旧费用放置于费用区的"折旧"位置处,并将生产线的净值从设备价值区对应位置取出,最后将等同于变卖生产线的残值部分交给财务主管,相当于变卖收到的现金。

②净值与残值差额的处理。如果生产线净值大于残值,则将净值大于残值的差额部分放在费用区的"固清"处,表示变卖生产线的净损失。

1.2.8 开始新的生产

运营主管取出一个空桶,里面置入产品的原材料,并从财务主管处领取相应的加工费,置于此空桶中,将空桶置于生产线的第一个生产周期上。

1.2.9 交货给客户

运营主管按订单从产成品库存区拿出相应数量的产成品,向客户交货,根据订单中应收款的账期,从客户处取得相应的货款,交付给财务主管。如果形成的是应收账款,则财务主管将应收账款放置于应收账款区域相应的账期上。如果收到的是现金,则直接把现金放入现金区。

1.2.10 支付行政管理费用

每季度末,财务主管从现金区取出1M,放置于"行政管理费"对应季度的位置上。

1.3 年末六项工作

1.3.1 长期贷款

1)更新长期贷款

财务主管将代表长期贷款的空桶向现金区移动一年,表示偿还期的缩短。如果长期借款已经被移至现金区,表示该长期贷款到期。

2)还本付息

如果长期贷款未到期,则根据企业已经借入的长期借款计算本年应支付的利息,财务主管从现金区取出相应的利息放置于综合费用的"利息"处。如果长期贷款已经到期,则财务主管取出与本金和本年利息之和相等的现金,本金归还银行,利息放置于沙盘综合费用的"利息"处。

3)申请新贷款

模拟企业在还有贷款额度时,可以向银行申请新的长期贷款。收到贷款后,财务主管将现金放进现金区中;同时放一个空桶在长期贷款对应的账期处,空桶内写一张注明贷款金额的长期贷款凭条。

1.3.2 支付设备维修费

运营主管从财务主管处领取相应现金置于费用区的"维护"处。

1.3.3 购买(或租赁)厂房

年末,企业如果在使用没有购买的厂房,则必须支付租金;如果不支付租金,则必须购买厂房。

(1)支付租金:财务主管从现金区取出相应的租金,放置于费用区的"租金"处。

(2)购买厂房:财务主管从现金区取出相应的购买资金,放置于该厂房的"厂房价值"处。

1.3.4 折旧

财务主管根据计算的折旧额从生产线的价值处取出相应的金额,放置于费用区的"折旧"处。

1.3.5 市场开拓/ISO 资格认证

1)市场开拓

营销主管从财务主管处申请开拓市场所需要的现金,放置于所开拓市场对应的位置。

2)ISO 认证投资

营销主管从财务主管处申请 ISO 资格认证所需要的现金,放置于 ISO 资格认证对应的位置。

1.3.6 关账

一年经营结束,年末要进行一次"盘点",需要将企业的收入、费用和支出进行结转,编制资产负债表和损益表。报表编制完毕后,将费用区的所有费用清空,为下一年经营做好准备。

2 能力训练

2.1 训练内容

(1)使用物理沙盘完成第一年的经营。

(2)总结物理沙盘推演过程。

2.2 训练步骤

(1)总经理完成经营工作。

总经理指导企业的日常经营工作流程,按照流程完成模拟企业的经营,对重点工作进行评点。

(2)营销主管完成经营工作。

营销主管根据市场分析和企业的整体经营策略制定本年的广告策略,并及时投放广告,结合企业的产能数据,完成竞单工作,及时科学地交付订单。

(3)运营主管完成经营工作。

运营主管对企业的原材料进行及时订购,完成企业的新产品研发,合理安排生产线的更新和产品排产工作。

(4)财务主管完成经营工作。

财务主管对企业的资金进行预算,控制现金流,及时运用多种融资途径完成筹资工作,防止现金断流。

2.3 训练结果

(1)物理沙盘盘面展示。

(2)物理沙盘推演总结。

2.4 课后思考

(1)在模拟企业经营过程中,哪些工作可以随时进行?

(2)短期贷款到期后,如何进行还款操作?

(3)已定的原材料到货后,如何进行操作?

(4)出售生产线的操作需要在哪一步流程中完成?

(5)在每季度初进行到期的短期贷款还款时,是否可以先贴现再还款?

任务二 使用电子沙盘体验企业经营流程

1 知识链接

本任务着重结合电子沙盘演示企业一个经营年的经营流程,并练习各种经营记录用表的填写。

1.1 经营记录表格

企业经营模拟过程中,需要填写各类表格,这些表格会详细记录企业的业务状况和进展情况。表格是企业管理最基本的工具,所以在模拟过程中,必须认真填写各项表格。当然,在实际工作中,很多企业已经实现了信息化管理,不再需要人工制作、填写纸质的表格,而是通过管理信息系统自动生成各类表格,达到企业管理的目的。但是,作为企业经营管理的初步体验,必须从各类表格的应用开始学起。下面介绍几类常用的表格。

1.1.1 广告投放表

某年的广告投放如表 3-1 所示,各企业根据广告方案进行记录。

表 3-1 广告投放表

广告投入		本 地	区 域	国 内	亚 洲	国 际
第×年	P1					
	P2					
	P3					
	P4					
合计						
是否具备 ISO 9000 资格				是□	否□	
是否具备 ISO 14000 资格				是□	否□	

1.1.2 生产采购计划表

模拟企业参与订单竞单后获取当年订单,结合目前生产线上的生产进度,可以制定新一年的生产计划。为了实现企业以销定产、以产定购的产供销平衡的目标,需要详细安排生产进度,并计算原材料的订购时间和订购数量。这就需要通过制定生产采购计划来解决,通常生产采购计划要清晰地表明以下几方面的信息:

①生产什么?生产多少?
②要用什么原材料?
③已经有了什么原材料?
④还缺什么原材料?
⑤什么时间安排原材料采购?

生产采购计划表如表3-2所示。

表3-2 第×年生产采购计划表

第×年	第一季度	第二季度	第三季度	第四季度
下线	___P1 ___P2 ___P3 ___P4	___P1 ___P2 ___P3 ___P4	___P1 ___P2 ___P3 ___P4	___P1 ___P2 ___P3 ___P4
上线	___P1 ___P2 ___P3 ___P4	___P1 ___P2 ___P3 ___P4	___P1 ___P2 ___P3 ___P4	___P1 ___P2 ___P3 ___P4
到库原材料	___R1 ___R2 ___R3 ___R4	___R1 ___R2 ___R3 ___R4	___R1 ___R2 ___R3 ___R4	___R1 ___R2 ___R3 ___R4
上线所需原材料	___R1 ___R2 ___R3 ___R4	___R1 ___R2 ___R3 ___R4	___R1 ___R2 ___R3 ___R4	___R1 ___R2 ___R3 ___R4
季度所剩原材料	___R1 ___R2 ___R3 ___R4	___R1 ___R2 ___R3 ___R4	___R1 ___R2 ___R3 ___R4	___R1 ___R2 ___R3 ___R4
季度所订原材料	___R1 ___R2 ___R3 ___R4	___R1 ___R2 ___R3 ___R4	___R1 ___R2 ___R3 ___R4	___R1 ___R2 ___R3 ___R4
当季产能	___P1 ___P2 ___P3 ___P4	___P1 ___P2 ___P3 ___P4	___P1 ___P2 ___P3 ___P4	___P1 ___P2 ___P3 ___P4

1.1.3 产能计算表

在模拟经营过程中,提升企业净利润的方法之一就是提高销售收入,要想提高销售收入,就要尽量多销售产品。根据沙盘经营模拟流程,在市场进行产品销售的前提是在竞单环节获得该市场的客户订单,而参与订单竞单首先要明确企业生产产品的能力(简称产能)。因为只有确定产能,才能结合市场竞争环境,制定恰当的广告方案,争取在订单竞单环节获取与产能相等数量的订单。产能计算表如表3-3所示。

表3-3 第×年产能计算表

产品	下线共计/个	已有库存/个	未清订单产品数量/个	该产品产能/个
P1				
P2				
P3				
P4				

其中,未清订单产品数量是指上一年违约单中某产品的数量总计。

1.1.4 会计报表

会计报表是综合反映企业资产、负债和所有者权益的情况及一定时期的经营成果和财务状况的书面文件。会计报表是会计人员根据日常会计核算资料归集、加工、汇总而形成的结果,是会计核算的最终产品。

会计报表可按所反映内容的主次划分为主要会计报表和相关附表(即内部报表)。其中,主要会计报表按所反映的经济内容的性质,可以进一步划分为反映基本财务状况的资产负债表、反映经营成果的损益表和反映现金增减变动的现金流量表。

对于模拟企业而言,其财务状况由资产负债表来记录和反映,其经营成果由损益表来统计。模拟企业的资本结构和利润产生过程如图3-1所示。

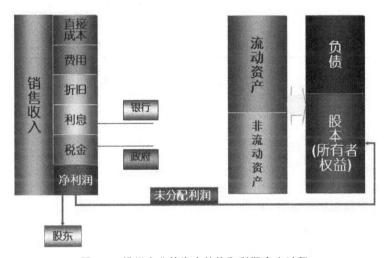

图 3-1 模拟企业的资本结构和利润产生过程

结合图 3-1,对会计报表中的资产负债表、损益表和现金流量表进行详细介绍。

1) 资产负债表

(1) 资产负债表的含义。

资产负债表是反映企业在某一特定日期(如月末、季末、年末)全部资产、负债和所有者权益情况的会计报表。资产负债表利用会计平衡原则"资产=负债+所有者权益",将合乎会计原则的"资产、负债、所有者权益"交易科目分为"资产"和"负债及所有者权益"两大区块,经过一系列会计程序后,以特定日期的静态企业情况为基准,浓缩成一张报表。

(2) 资产负债表的结构。

在模拟企业中,对企业的资产负债表进行了简化,这里以沙盘初始状态,即 0 年年末为例,介绍资产负债表的具体信息,如表 3-4 所示。

表 3-4 资产负债表(单位:M)

资　　产		期　末　数	负债及所有者权益		期　末　数
固定资产:			负债:		
土地和建筑	+	32	长期负债	+	40
机器和设备(含在建工程)	+	10	短期负债	+	0
总固定资产	=	42	应付款	+	0
流动资产:			应交税	+	2

续表

资 产		期 末 数	负债及所有者权益		期 末 数
现金	+	20	总负债	=	42
应收款	+	18	权益：		
在制品	+	8	股东资本	+	45
成品	+	8	利润留存	+	9
原料	+	4	年度净利	+	4
总流动资产	=	58	所有者权益	=	58
总资产	=	100	负债加权益	=	100

资产负债表的"期末数"栏各项目主要是根据有关项目的期末余额资料编制，编制内容如下。

①"资产"类：

- 土地和建筑：已购买厂房的价值。
- 机器和设备（含在建工程）：当前所有生产线价值之和。
- 现金：年末现金数。
- 应收款：各账期应收账款之和。
- 在制品：生产线上在制品价值之和。
- 成品：成品库中各产品价值之和。
- 原料：原材料库中所有原材料价值之和。

②"负债及所有者权益"类：

- 长期负债：长期贷款总额。
- 短期负债：短期贷款总额。
- 应付款：各账期应付账款之和。
- 应交税：利润表中的所得税。
- 股东资本：股东的所有投资之和，不增资的情况下为45。
- 利润留存：上年利润留存+上年净利润。
- 年度净利：利润表中的净利润。

(3) 资产负债表的作用。

①揭示企业的资产及其分布结构。从流动资产可了解企业在银行的存款以及变现能力，掌握资产的实际流动性与质量；通过了解固定资产，可以掌握企业资产消长趋势。

②反映企业某一日期的负债总额及其结构，揭示企业的资产来源及其构成。根据资产、负债、所有者权益之间的关系，如果企业负债比例高，相应的所有者权益即净资产比例就低，说明主要靠债务"撑大"了资产总额，真正属于企业自己的财产（即所有者权益）不多。还可进一步分析短期负债与长期负债，如果短期负债多，说明企业还债压力较大。如果应收账款与成品数额过大，反映了企业经营不善、产品销路不好、资金周转不灵。

③有助于评价企业的盈利能力。通常情况下，资产负债率应当控制在适度的比例，如工业生产类企业在低于60%为宜，不过，比例过低（如低于40%）也不好，说明企业缺乏适度负债经

营的创新勇气。

2)损益表

(1)损益表的含义。

损益表可以反映企业生产经营的收益情况、成本耗费情况,是反映企业在一定会计期间经营成果的报表。通过损益表提供的不同时期的比较数字,可以分析企业的发展趋势和获利能力。由于损益表反映的是某一期间的情况,所以又被称为动态报表。损益表也称为利润表、收益表。

(2)损益表的结构。

在模拟企业中,对企业的损益表进行了简化,这里以沙盘初始状态,即 0 年年末为例,介绍损益表的具体信息,如表 3-5 所示。

表 3-5　损益表(单位:M)

项　　目		期　末　数
销售收入	+	36
直接成本	-	14
毛利	=	22
综合费用		9
折旧前利润	=	13
折旧		5
支付利息前利润	=	8
财务收入/支出	+/-	2
额外收入/支出	+/-	
税前利润	=	6
所得税	-	2
净利润	=	4

损益表的编制内容如下:

- 销售收入:本年所有已经交货的订单金额之和。
- 直接成本:本年所有已经销售产品的直接成本(原材料费+加工费)之和。
- 毛利:销售收入-直接成本。
- 综合费用:行政管理费+广告费+设备维修费+租金+转产费+市场开拓费+ISO 认证费+产品研发费。
- 折旧前利润:毛利-综合费用。
- 折旧:本年所有生产线计提的折旧额之和。
- 支付利息前利润:折旧前利润-折旧。
- 财务收入/支出:长贷利息+短贷利息+民融利息+贴现利息。
- 额外收入/支出:变卖生产线产生的额外收入或支出,出售厂房的收入计入额外收入,没有按时交货的违约金计入额外支出。
- 税前利润:支付利息前利润＋财务收入－财务支出＋额外收入－额外支出。
- 所得税:缴纳税金先弥补前5年的亏损,然后按照税前利润乘以25%取整计算得出。
- 净利润:税前利润－所得税。

(3)损益表的作用。

①损益表可作为经营成果的分配依据。损益表反映企业在一定期间的营业收入、营业成本、营业费用以及营业税金、各项期间费用和营业外收支等项目,最终计算出利润综合指标。

②损益表能综合反映生产经营活动的各个方面,有助于考核企业经营管理人员的工作业绩。企业在生产、经营等各项活动中的管理效率和效益都可以在利润数额的增减变化中综合表现出来。

③损益表可用来分析企业的获利能力,预测企业未来的现金流量。损益表揭示了经营利润、投资净收益和营业外的收支净额的详细资料,可据以分析企业的盈利水平,评估企业的获利能力。

3)现金流量表

(1)现金流量表的含义。

现金流量表表达的是在一固定期间(通常是每月或每季)内,一家机构的现金增减变动情形。现金流量表的出现,主要是为了反映资产负债表中各个项目对现金流量的影响,可用于分析一家机构在短期内有没有足够的现金去应付开销。

(2)现金流量表的结构。

在模拟企业中,对企业的现金流量表进行了简化,具体信息如表3-6所示。

表3-6 现金流量表(单位:M)

现金预算	第×年			
	第一季度	第二季度	第三季度	第四季度
期初现金				
支付上年所得税－				
广告投入－				
到期短贷/民融及利息－				
贷短贷收入＋				
贷民融收入＋				
贴现收入＋				
贴现费用－				
到期应收款＋				
到期应付款－				
原材料采购支付现金－				
产品研发－				

续表

现金预算	第×年			
	第一季度	第二季度	第三季度	第四季度
生产线变更费用－				
生产线投资本期费用－				
变卖生产线＋				
加工费－				
交货收到现金＋				
行政管理费－				
到期长期贷款及利息－				
长期贷款收入＋				
设备维修费－				
厂房租金－				
购买厂房－				
市场开拓费－				
ISO认证费－				
其他（罚金）－				
收入总计				
支出总计				
期末现金				

现金流量表的编制内容如下：
- 期初现金：上期期末现金数。
- 支付上年所得税：损益表"所得税"。
- 广告投入：年初实际投入广告费。
- 到期短贷/民融及利息：本季度短贷/民融应还本金/利息总额。
- 贷短贷收入：本季度预计短贷收入总额。
- 贷民融收入：本季度预计民融收入总额。
- 贴现收入：本季度应收账款贴现所得。
- 贴现费用：本季度应收账款贴现损失。
- 到期应收款：本季度到期回收的应收账款。
- 到期应付款：本季度到期支付的应付帐款。
- 原材料采购支付现金：本季度到货的原材料支付现金。
- 产品研发：本季度支付产品研发费总额。

- 生产线变更费用：本季度生产线转产费总额。
- 生产线投资本期费用：本季度购买生产线现金总额。
- 变卖生产线：本季度变卖生产线收入总额。
- 加工费：本季度生产线加工费。
- 交货收到现金：本季度交货收入的现金。
- 行政管理费：本季度支付行政管理费。
- 到期长期贷款及利息：本年到期还款的长贷本金和利息。
- 长期贷款收入：本年长贷金额。
- 设备维修费：本年支付的设备维修费。
- 厂房租金：本年厂房租金。
- 购买厂房：本年购买厂房现金。
- 市场开拓费：本年市场开拓费。
- ISO认证费：本年ISO认证费。
- 其他（罚金）：订单没有按时交货产生的违约金。
- 收入总计：本季度现金收入之和。
- 支出总计：本季度现金支出之和。
- 期末现金：期初现金＋本季度收入总计－本季度支出总计。

(3) 现金流量表的作用。

①弥补了资产负债表信息量的不足。现金流量表中的内容是利用资产、负债、所有者权益的增减发生额或本期净增加额填报的。账簿的资料得到充分的利用，现金变动原因的信息得到充分的揭示。

②便于从现金流量的角度对企业进行考核。企业的经营者由于管理的需要亟须了解现金流量信息。另外，在当前商业信誉存在诸多问题的情况下，与企业有密切关系的组织与个人不仅需要了解企业的资产、负债、所有者权益的结构情况与经营结果，更需要了解企业的偿还能力和支付能力，了解企业现金流入、流出及净流量信息。

③了解企业筹措现金、生成现金的能力。通过现金流量表可以了解经过一段时间的经营，企业在内外筹措了多少现金，自己生成了多少现金，筹措的现金是按计划用到扩大生产规模、购置固定资产、补充流动资金上了，还是被经营方侵蚀掉了。企业筹措现金、生产现金的能力，是企业加强经营管理、合理使用和调度资金的重要信息，这些信息是其他两张报表所不能提供的。

1.2 电子沙盘操作流程

1.2.1 年初三项工作

首先，学生启动"ITMC企管沙盘学生训练平台"，如图3-2所示，再选择公司名进行登录，如图3-3所示。

选择角色进入操作界面，如图3-4所示，例如，选择"总裁CEO"进入电子沙盘的第一年初始盘面。

图 3-2 "ITMC 企管沙盘学生训练平台"

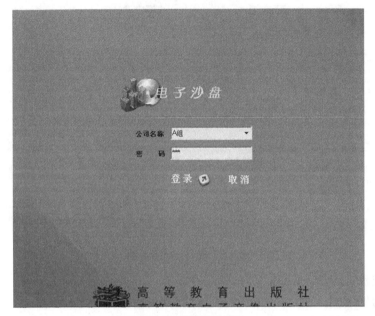

图 3-3 选择公司名

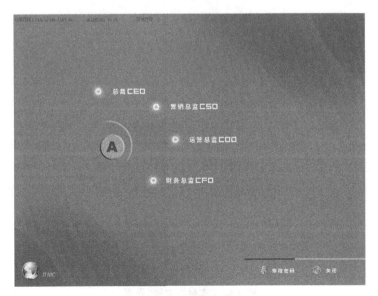

图 3-4 选择角色

第一年初始盘面如图 3-5 所示,右侧方框中清晰地列出了每年的"任务清单"。首先在每年年初,需要完成三项基本工作。

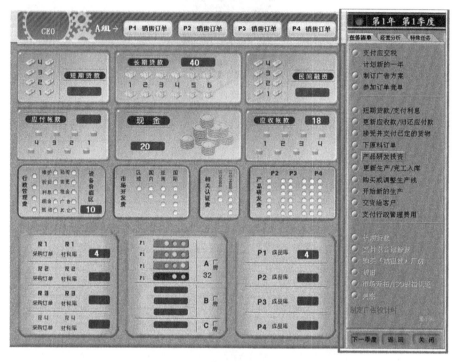

图 3-5　第一年初始盘面

1) 支付应交税,计划新的一年

以第一年为例,点击"支付应交税"按钮,显示"支付应交税"界面,如图 3-6 所示。第一年应交税金 2M,点击"纳税"按钮,弹出"已纳税完毕"提示,如图 3-7 所示。

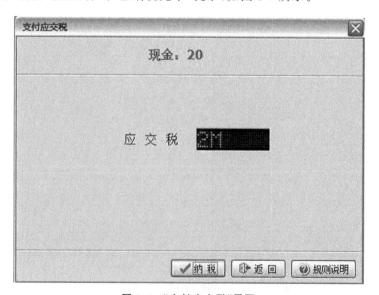

图 3-6　"支付应交税"界面

项目3
企业经营管理模拟运作体验

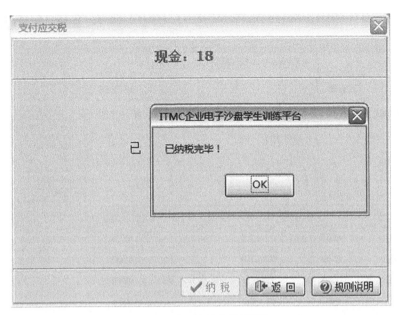

图 3-7 "已纳税完毕"界面

纳税完毕后的界面如图 3-8 所示,现金变为"18",费用区"税金"位置亮起,表示已纳税完毕。

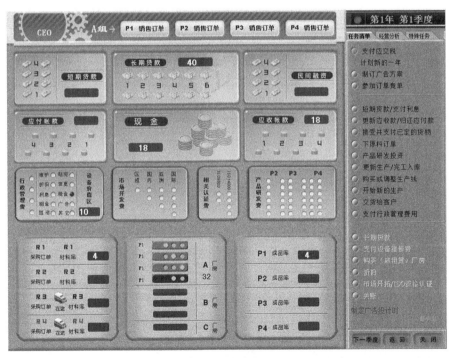

图 3-8 纳税完毕后的界面

2)制订广告方案

点击"制订广告方案"按钮,进行广告投入,如图 3-9 所示,进入"广告投入"界面,假设广告投入费为 1M,如图 3-10 所示。

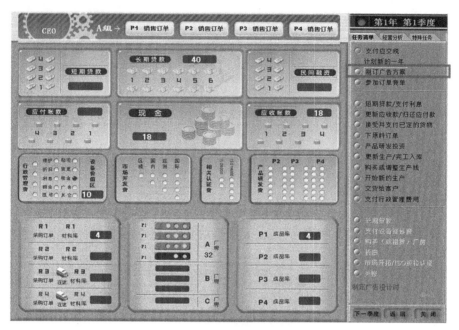

图 3-9 点击"制订广告方案"按钮

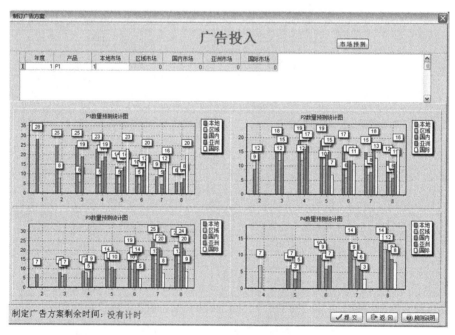

图 3-10 "广告投入"界面

在投入广告之前,可以点击"广告投入"界面右上角的"市场预测"按钮,查看产品需求和产品的平均价格,如图 3-11 所示。

广告投入后注意观察盘面中现金的变化,如图 3-12 所示。

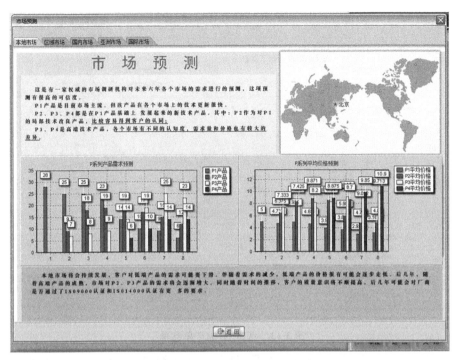

图 3-11 "市场预测"界面

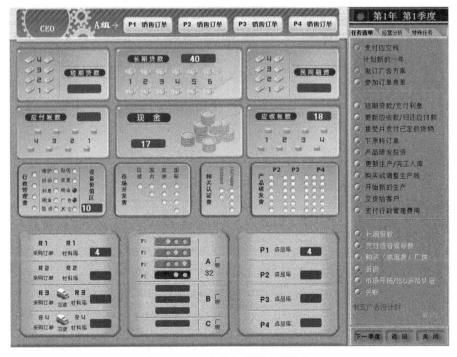

图 3-12 广告投入后现金的变化

3)参加订单竞单

点击"参加订单竞单"按钮,如图 3-13 所示,进入竞单界面。

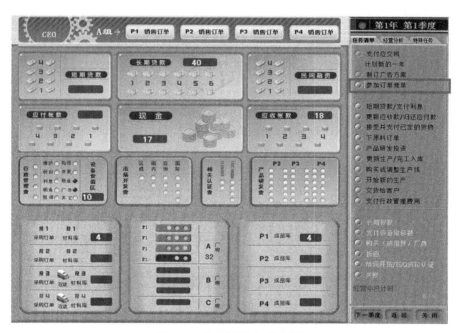

图 3-13 点击"参加订单竞单"

以 A 组为例,等待指示区出现 A 组组号,只有当 A 组组号出现时,才可以在选择区进行选单,如图 3-14 所示。

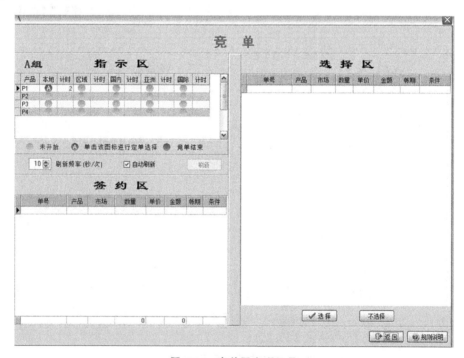

图 3-14 竞单区出现组号

每轮选单每组只能选择一张订单,以 A 组选单为例,在指示区点击组号"A",选择区会出现本轮可选订单,如图 3-15 所示,在选择区选中某张订单,点击"选择"按钮,如图 3-16 所示。若放弃选单,可点击"不选择"按钮。

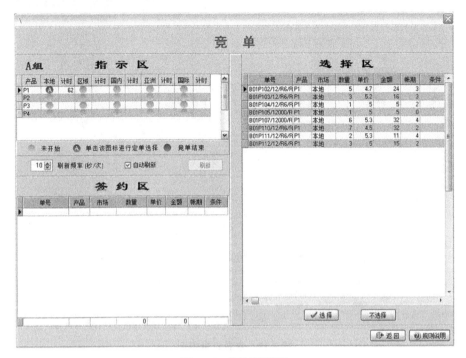

图 3-15 "竞单"界面

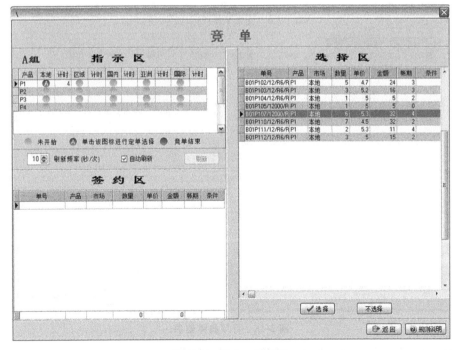

图 3-16 选中一张订单

盘面上方是订单查看区域,如图 3-17 所示,可以随时查看已选订单情况,订单具体信息如图 3-18 所示。

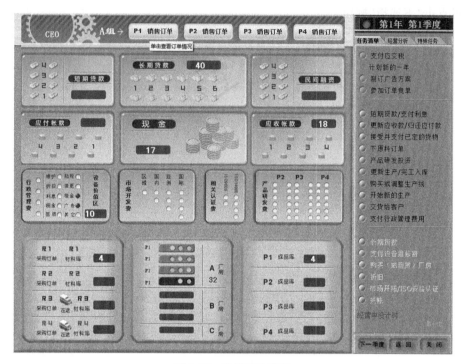

图 3-17 查看订单情况

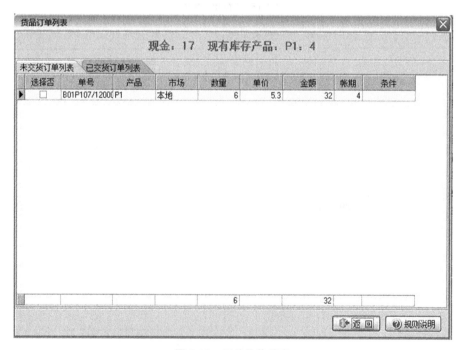

图 3-18 订单具体信息

竞单结束后,开始进入每年的第一季度企业模拟经营。

1.2.2 每季度十项工作

1) 短期贷款/支付利息

点击"短期贷款/支付利息"按钮,如图 3-19 所示,进入"更新短期贷款/支付利息/获取新的贷款"界面,如图 3-20 所示。

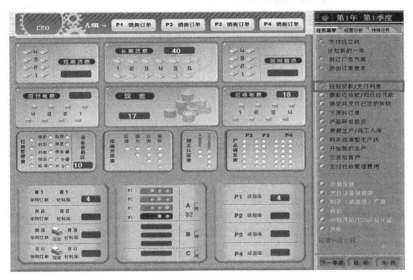

图 3-19 点击"短期贷款/支付利息"按钮

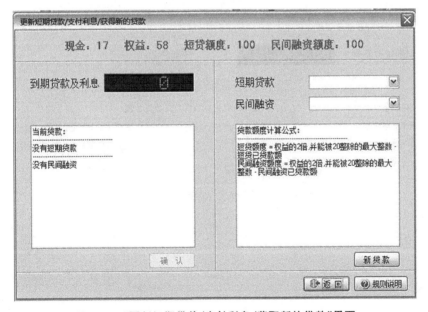

图 3-20 "更新短期贷款/支付利息/获取新的贷款"界面

如果有到期的贷款,需要先还本付息,才能进行新的贷款。可观察该界面上方的贷款额度,在额度允许范围内进行新的贷款,假设短贷 20M,如图 3-21 所示,点击"新贷款"按钮进行贷款申请。

在弹出的贷款确认界面,点击"确定",获得新贷款,如图 3-22 所示。

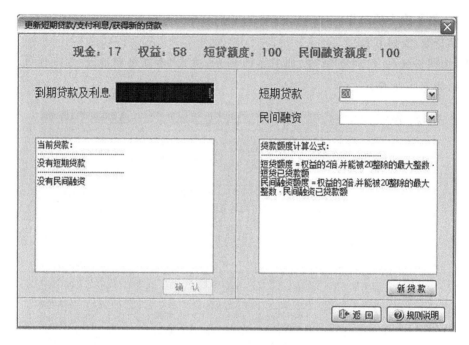

图 3-21　新贷款短贷 20M

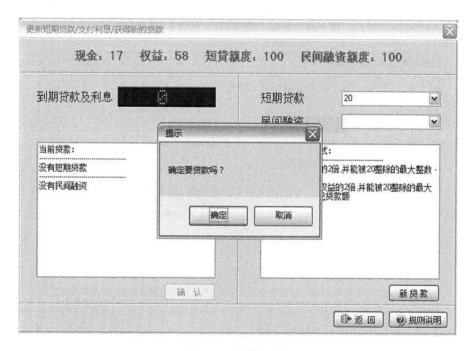

图 3-22　新贷款确认

申请新的短贷后现金的变化和短贷额度的变化如图 3-23 所示。此时,电子沙盘的现金区增加了 20M,短期贷款处显示一笔 20W 的短期贷款,具体盘面变化如图 3-24 所示。

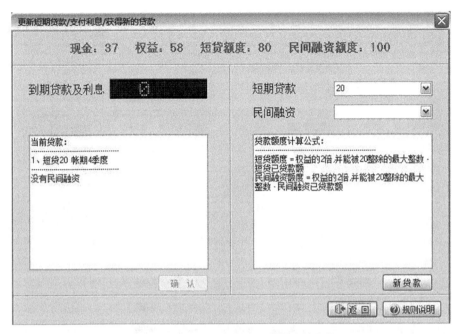

图 3-23 新贷款后现金和短贷额度的变化

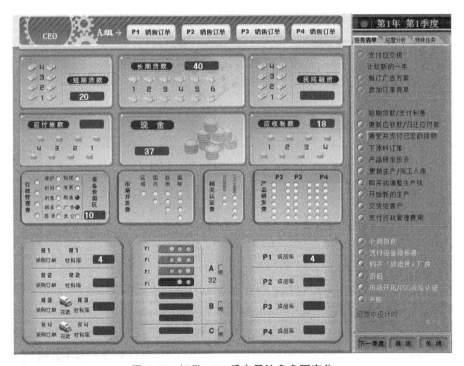

图 3-24 短贷 20M 后电子沙盘盘面变化

2) 更新应收款/归还应付款

点击"更新应收款/归还应付款"按钮,如图 3-25 所示,进入"更新应收款/更新应付款"界面,如图 3-26 所示。

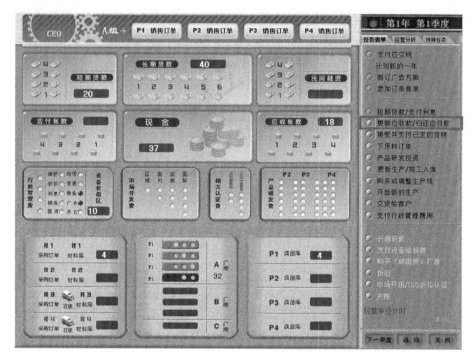

图 3-25　点击"更新应收款/归还应付款"按钮

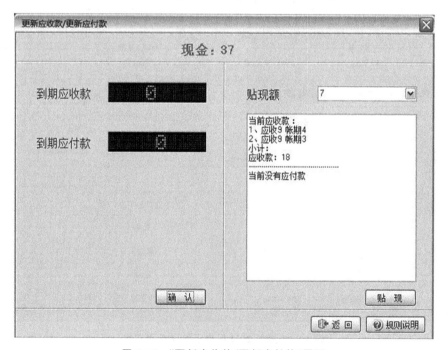

图 3-26　"更新应收款/更新应付款"界面

支付应付款,接收应收款之后的界面如图 3-27 所示。

在"更新应收款/更新应付款"界面右侧区域是贴现额的选择区,如图 3-28 所示。

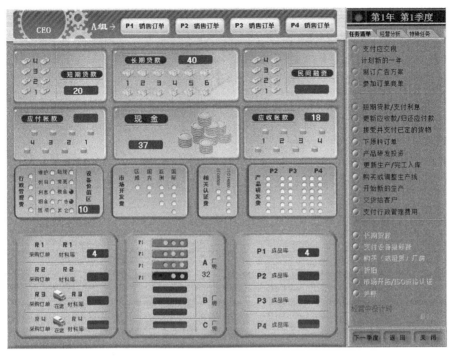

图 3-27 支付应收款、接收应付款后的界面

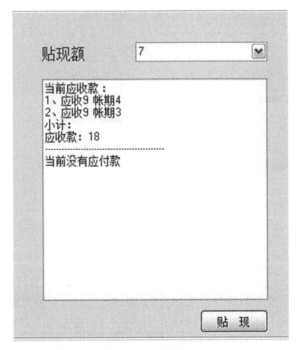

图 3-28 "贴现"界面

3) 接受并支付已定的货物

点击"接受并支付已定的货物"按钮,如图 3-29 所示,进入"采购订单明细"界面,如图 3-30 所示。

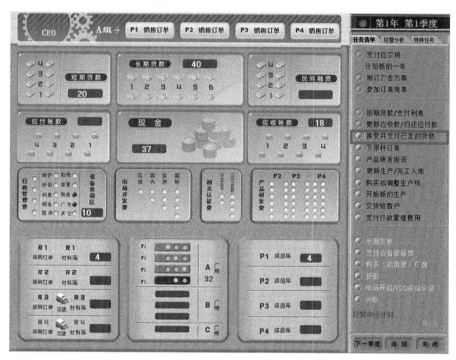

图 3-29　点击"接受并支付已定的货物"按钮

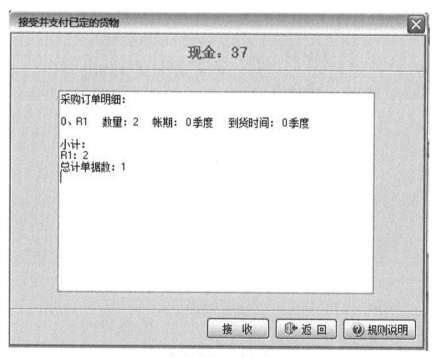

图 3-30　"采购订单明细"界面

货物接收后的提示界面如图 3-31 所示,具体盘面变化如图 3-32 所示,可以看出现金的变化,可以观察到库存区域 R1 原材料的数量发生变化。

图 3-31　货物成功接收

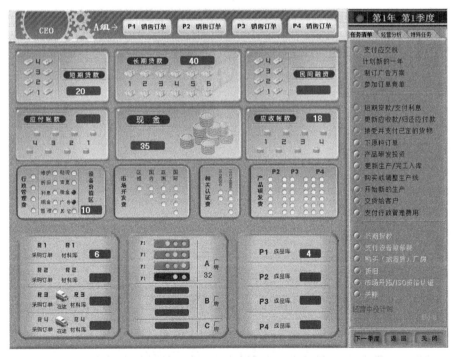

图 3-32　货物成功接收后的盘面

4)下原料订单

点击"下原料订单"按钮,如图 3-33 所示。进入"下原料订单"界面,如图 3-34 所示,界面右侧显示4种产品的物料清单,需要根据生产计划和原材料的采购提前期执行原材料的采购计划,填写原材料的采购数量,点击"签约"按钮。

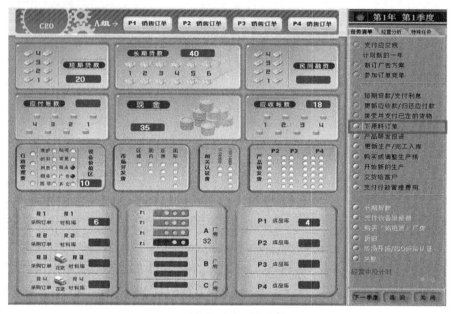

图 3-33　点击"下原料订单"按钮

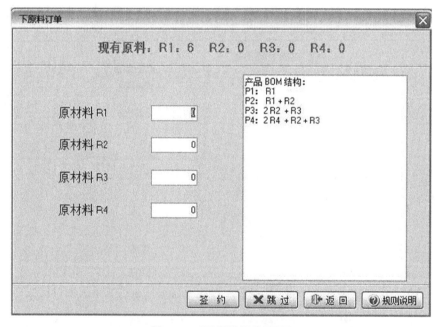

图 3-34　"下原料订单"界面

如果本季度不需要下原材料订单,则可以点击"跳过"按钮,提示界面如图 3-35 所示,点击"确定"按钮确认。

项目3 企业经营管理模拟运作体验

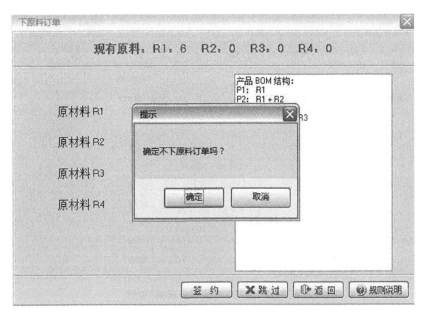

图 3-35 "不下原料订单"确认界面

下原料订单后的盘面如图 3-36 所示,若将鼠标移至库存区域原材料位置,可以看到原材料采购的具体信息。

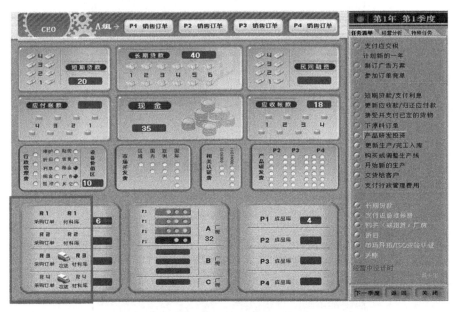

图 3-36 原材料采购信息显示区

5)产品研发投资

点击"产品研发投资"按钮,如图 3-37 所示,进入"产品研发投资"界面,如图 3-38 所示。

选择当季要研发的产品,如 P2,点击"研发"按钮确认研发,具体操作如图 3-39 所示。若当季没有产品需要研发,可点击"跳过"按钮。

企业经营管理模拟运作

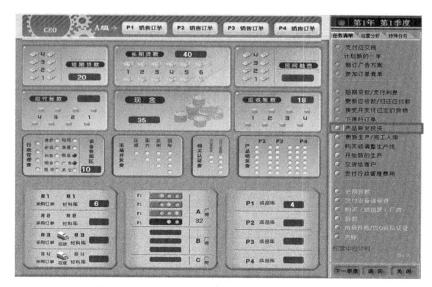

图 3-37 点击"产品研发投资"按钮

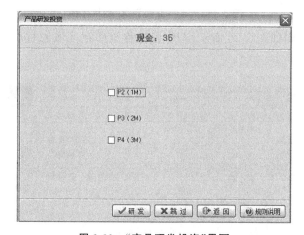

图 3-38 "产品研发投资"界面

图 3-39 选择 P2 产品进行研发

确认当季研发 P2 产品后,现金的变化如图 3-40 所示。

图 3-40 确认研发 P2 产品后现金的变化

产品研发完毕后的盘面如图 3-41 所示,可以观察到产品研发费区域 P2 产品已研发一个季度。

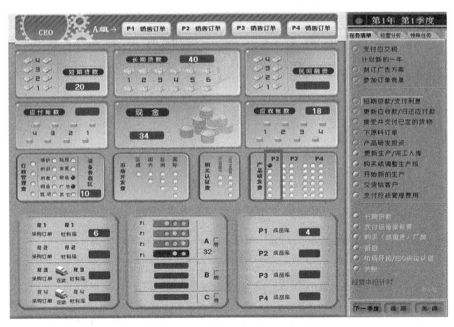

图 3-41 P2 产品研发完毕后的盘面

6)更新生产/完工入库

点击"更新生产/完工入库"按钮,如图 3-42 所示,进入"更新生产/完工入库"界面,如图 3-43 所示。

从图 3-43 中可以看出更新生产前各条生产线上的产品生产进度,点击"更新"按钮,观察更新生产后的状态,如图 3-44 所示,可以看出原来生产进度为"1"期的手工线上的 P1 产品已经完工入库,其余生产线的生产进度都更新了 1 个季度。

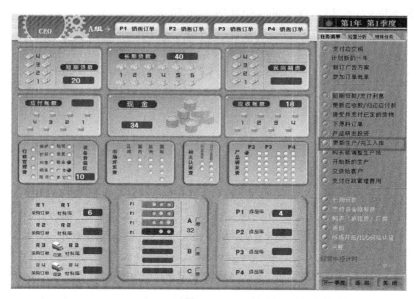

图 3-42 点击"更新生产/完工入库"按钮

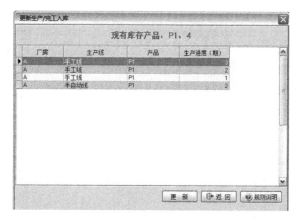

图 3-43 "更新生产/完工入库"界面

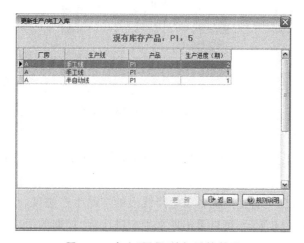

图 3-44 点击"更新"按钮后的界面

更新生产/完工入库后的盘面如图3-45所示,与图3-42进行对比,可以看出A厂房区域P1生产线的状态得到了更新,产成品区域P1数量增加了1个。

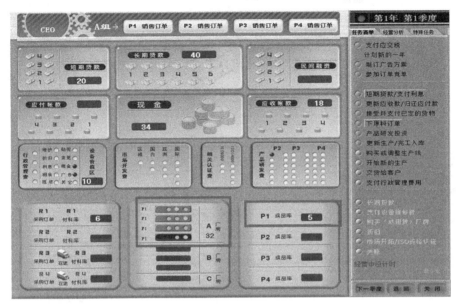

图3-45　更新生产/完工入库后的盘面

7)购买或调整生产线

点击"购买或调整生产线"按钮,如图3-46所示,进入"购买或调整生产线"界面,如图3-47所示。

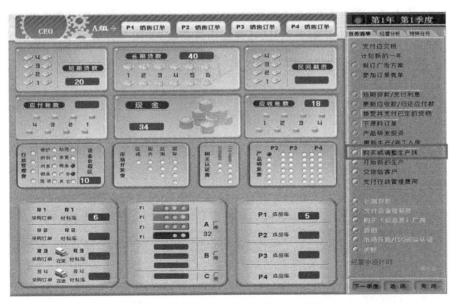

图3-46　点击"购买或调整生产线"按钮

"购买或调整生产线"界面左侧区域为"生产线购买"操作区域,选择生产线的类型、产品类型和厂房信息后,点击"购买"按钮,例如,购买1条生产P2产品的全自动生产线,放置在C厂房,操作过程如图 3-48 所示。

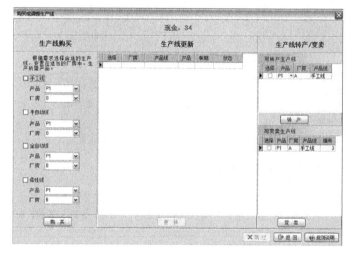

图 3-47 "购买或调整生产线"界面

图 3-48 "生产线购买"操作区域

购买成功后可以看到"生产线更新"区域和现金的变化,如图 3-49 所示。

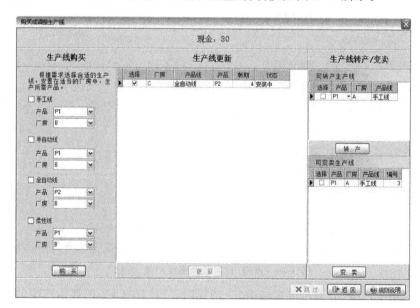

图 3-49 购买生产线后的界面

购买生产线后的盘面如图 3-50 所示,和图 3-46 对比后可以看出现金区、设备价值区和厂房区的变化。

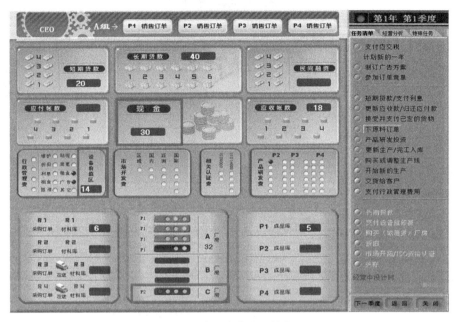

图 3-50 购买生产线后的盘面

将鼠标移至设备价值区,可以清晰地显示设备价值明细,如图 3-51 所示。

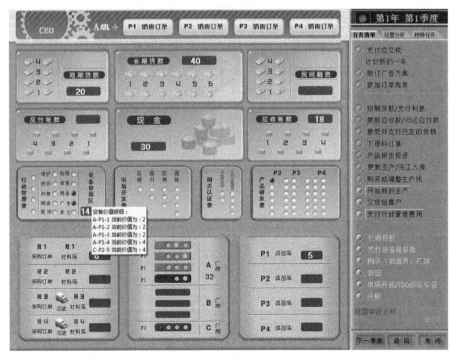

图 3-51 设备价值明细

在图 3-47"购买或调整生产线"界面右侧,是"生产线转产/变卖"操作区域,如图 3-52 所示,若要转产,则需要在"可转产生产线"区域选择相应生产线点击"转产"按钮。

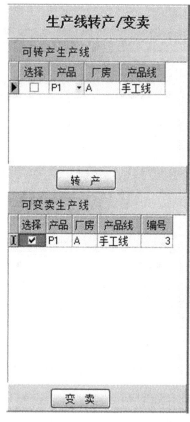

图 3-52 "生产线转产/变卖"操作区域

选择图 3-52"可变卖生产线"区域的 A 厂房 P1 产品手工线,点击"变卖"按钮,返回"购买或调整生产线"界面,可以看出现金的变化,如图 3-53 所示。

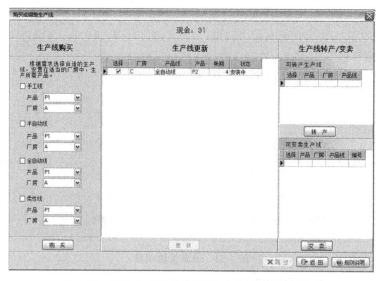

图 3-53 变卖生产线后的"购买或调整生产线"界面

变卖生产线后的盘面如图 3-54 所示。

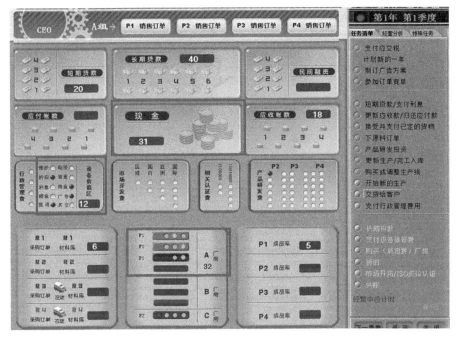

图 3-54 变卖生产线后的盘面

在设备价值区，可以查看设备价值明细的变化，如图 3-55 所示。

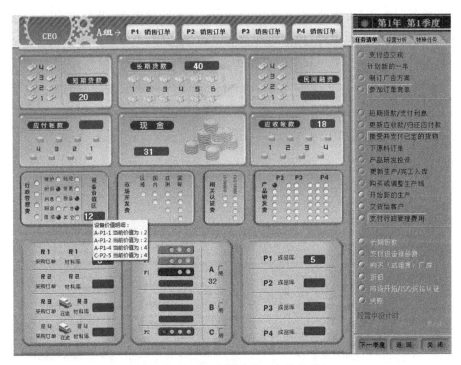

图 3-55 变卖生产线后的设备价值明细

在综合费用区，可以查看综合费用的具体信息，可以看出设备折旧、固定资产清理费用的变化,具体信息如图 3-56 所示。

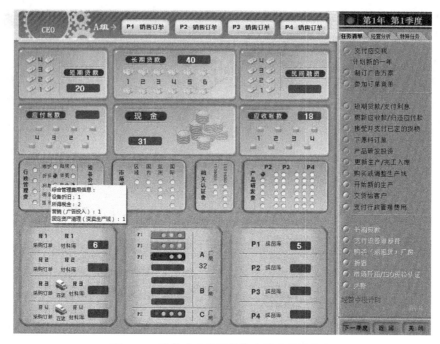

图 3-56　变卖生产线后的综合管理费用信息

8) 开始新的生产

点击"开始新的生产"按钮,如图 3-57 所示,进入"开始新的生产"界面,如图 3-58 所示,可以点击"新生产"按钮开始新的生产,该季目前没有空闲生产线,不可以开始新的生产,于是点击"跳过"按钮。

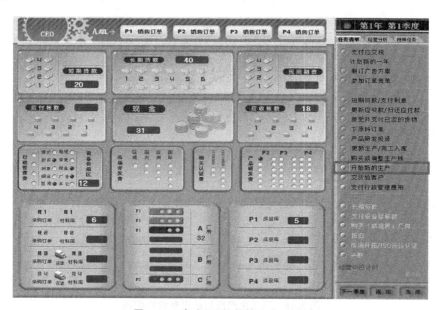

图 3-57　点击"开始新的生产"按钮

项目3 企业经营管理模拟运作体验

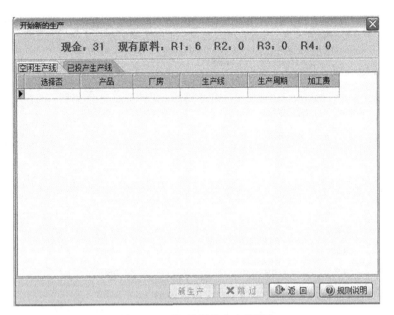

图 3-58 "开始新的生产"界面

注意观察厂房区域的变化,若有生产线开始新的生产,则第一个生产周期会看到产品上线,具体如图 3-59 所示(在本季操作中,由于没有生产线可以开始新的生产,故盘面没有变化)。

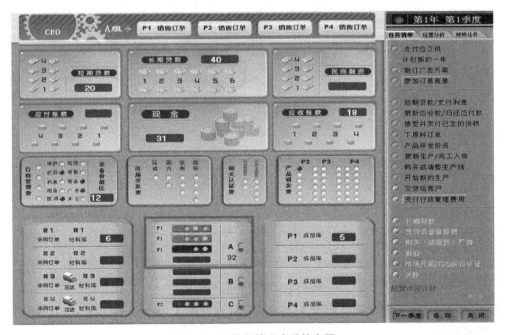

图 3-59 开始新的生产后的盘面

9) 交货给客户

点击"交货给客户"按钮,如图 3-60 所示,进入"交货给客户"界面,如图 3-61 所示。目前产成品数量不够无法交货,点击"结束交货"完成此流程,若有可以交货的订单,则选中订单,点击"交货"按钮完成交货。

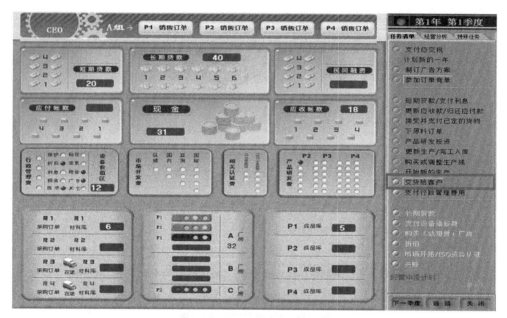

图 3-60 点击"交货给客户"按钮

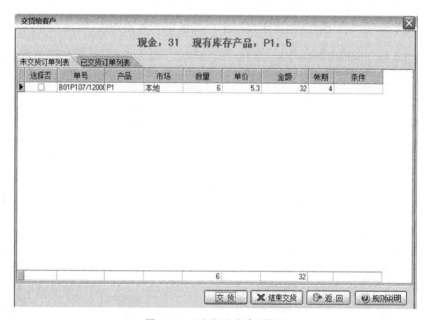

图 3-61 "交货给客户"界面

点击"结束交货"后弹出提示,需要对不交货行为进行确认,如图 3-62 所示,点击"确定"按钮确认本季不交货。

交货后注意观察盘面成品库、现金或应收账款以及销售订单区域的变化,如图 3-63 所示,在本季操作中,由于产成品数量不够无法交货,故盘面没有变化。

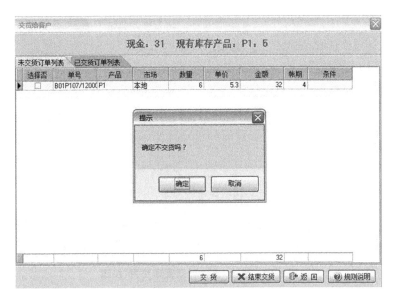

图 3-62 "确定不交货"界面

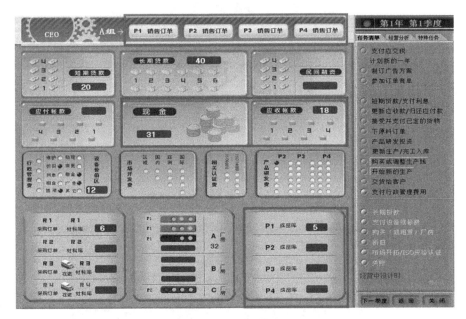

图 3-63 交货后的盘面

10）支付行政管理费用

点击"支付行政管理费用"按钮，如图 3-64 所示，进入"支付行政管理费用"界面，如图 3-65 所示。

每季度都需要支付 1M 行政管理费用，点击"支付"，现金变化如图 3-66 所示。

支付行政管理费用后的盘面如图 3-67 所示，可以观察到现金和行政管理费区域的变化。

企业经营管理模拟运作

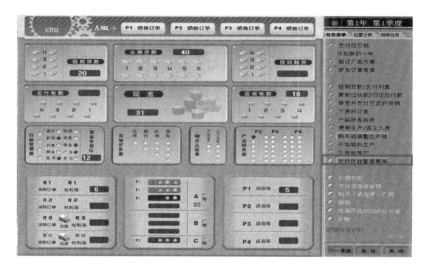

图 3-64 点击"支付行政管理费用"按钮

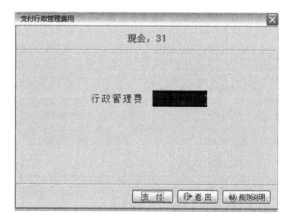

图 3-65 "支付行政管理费用"界面

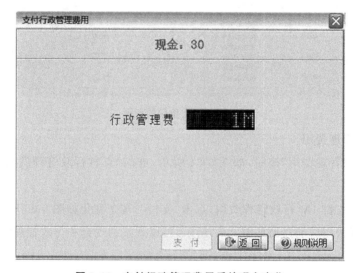

图 3-66 支付行政管理费用后的现金变化

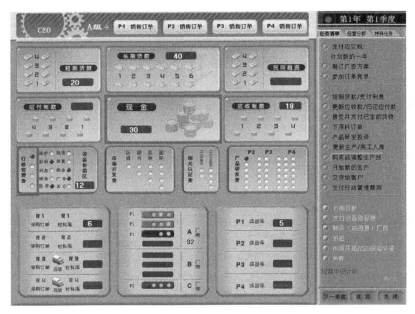

图 3-67　支付行政管理费用后的盘面

至此第一季度的经营结束,点击"下一季度"按钮,如图 3-68 所示,进入第二季度继续经营,直到第四季度末。

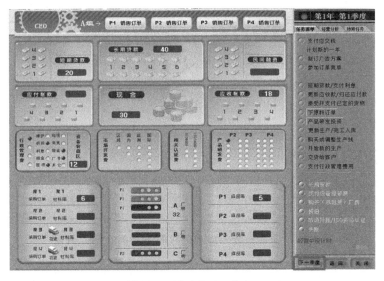

图 3-68　点击"下一季度"

1.2.3　年末六项工作

1)长期贷款

点击"长期贷款"按钮,如图 3-69 所示,进入"更新长期贷款/支付利息/获得新的贷款"界面,如图 3-70 所示。

首先要还本付息,才能申请新的贷款。第一年年末长贷未到期,只需要支付 4M 利息,点击

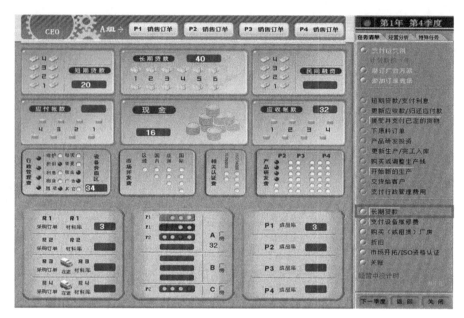

图 3-69　点击"长期贷款"按钮

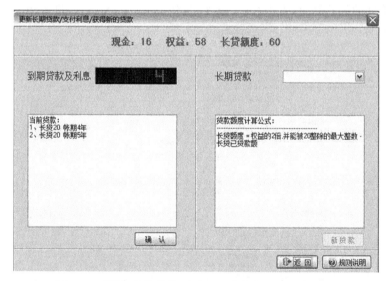

图 3-70　"更新长期贷款/支付利息/获得新的贷款"界面

"确认"按钮支付利息,如图 3-71 所示。

　　若有长贷额度,可以申请新贷款,例如,第一年年末申请 40M 长贷,在下拉列表中选中"40"额度,点击"新贷款"按钮,弹出提示是否要确定此笔贷款,点击"确定"按钮确认新贷款,具体如图 3-72 所示。

　　申请新的长贷后现金和长贷额度的变化如图 3-73 所示。

　　申请新的长贷后可以观察到盘面长期贷款和现金区域的变化,具体信息如图 3-74 所示。

项目3 企业经营管理模拟运作体验

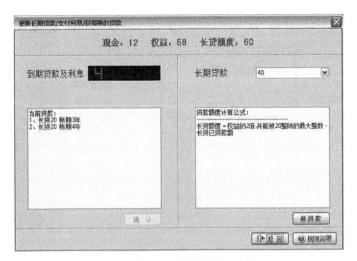

图 3-71 还本付息

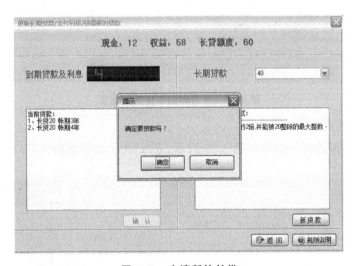

图 3-72 申请新的长贷

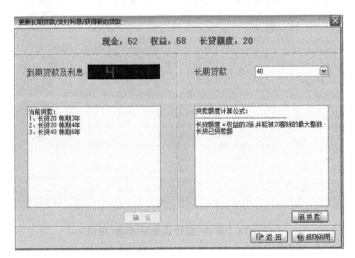

图 3-73 申请新的长贷后现金和长贷额度的变化

企业经营管理模拟运作

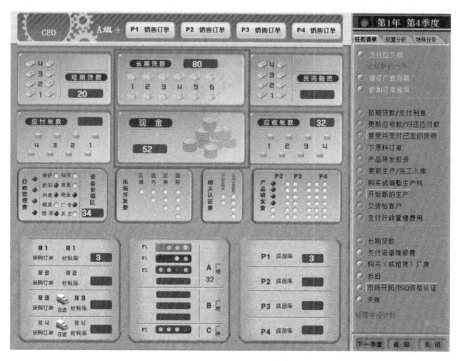

图 3-74　申请新的长贷后的盘面

2)支付设备维修费

点击"支付设备维修费"按钮,如图 3-75 所示,进入"支付设备维修费"界面,如图 3-76 所示。

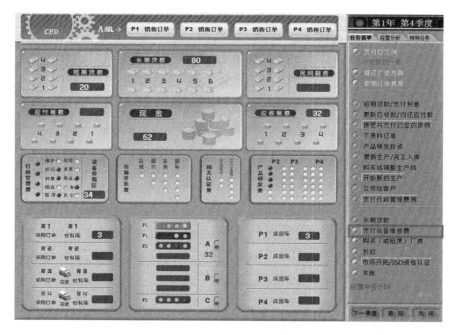

图 3-75　点击"支付设备维修费"按钮

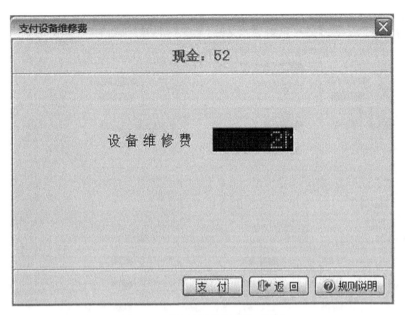

图 3-76 "支付设备维修费"界面

点击"支付"按钮后扣除设备维修费用,现金变化如图 3-77 所示,盘面如图 3-78 所示,可以看到综合管理费用区域的变化。

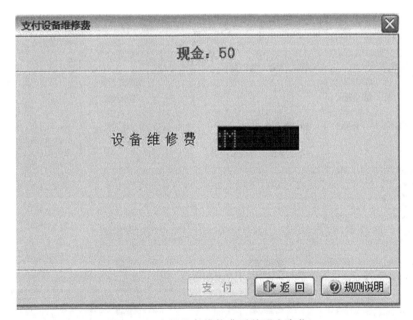

图 3-77 支付设备维修费后的现金变化

3)购买(或租赁)厂房

点击"购买(或租赁)厂房"按钮,如图 3-79 所示,进入"购买(或租赁)厂房"界面,如图 3-80 所示。

企业经营管理模拟运作

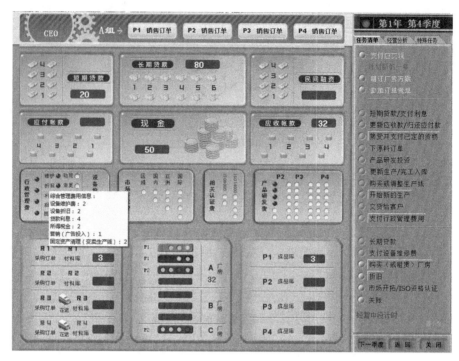

图 3-78 支付设备维修费后的盘面

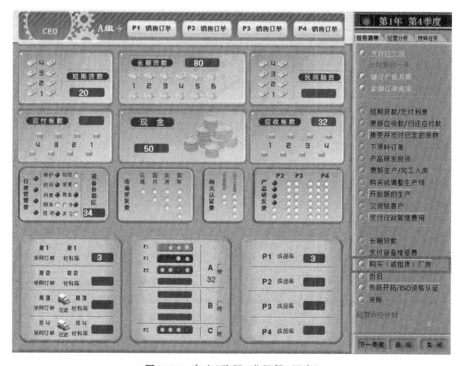

图 3-79 点击"购买(或租赁)厂房"

目前 C 厂房里新增了一条生产线,可以进行租赁或购买,如购买 C 厂房,选择"购买"后点击"提交"按钮,如图 3-81 所示。

项目3
企业经营管理模拟运作体验

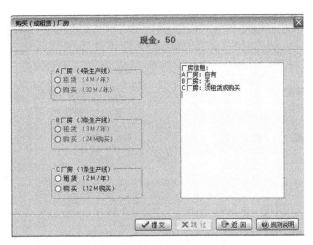

图 3-80 "购买（或租赁）厂房"界面

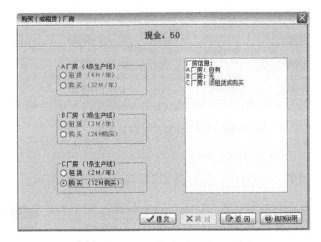

图 3-81 点击"购买（或租赁）厂房"

购买厂房后的现金变化如图 3-82 所示，盘面如图 3-83 所示，可以观察到厂房区域和现金区域的变化，如果租赁厂房，还可以观察到综合管理费用区域租金的变化。

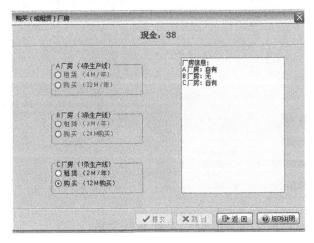

图 3-82 购买厂房后的现金变化

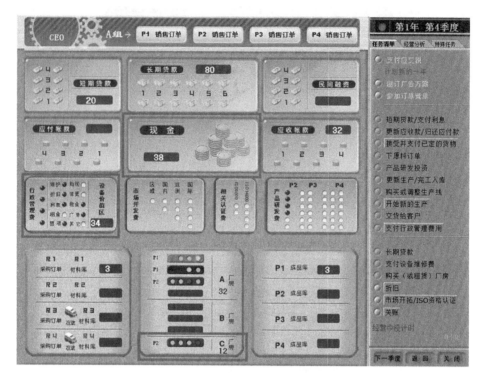

图 3-83　购买厂房后的盘面

4）折旧

点击"折旧"按钮，如图 3-84 所示，进入"折旧"界面，如图 3-85 所示。

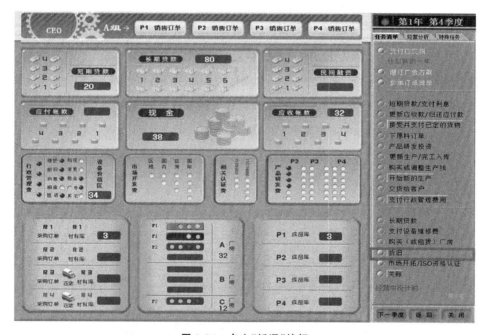

图 3-84　点击"折旧"按钮

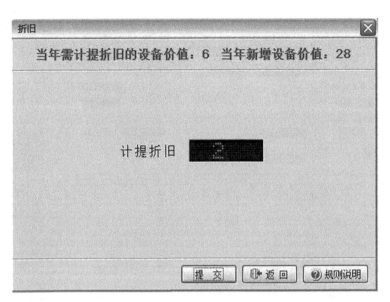

图 3-85 "折旧"界面

点击"提交"按钮完成折旧,提示界面如图 3-86 所示,折旧计提完成后的盘面如图 3-87 所示,可以观察到设备价值区的变化。

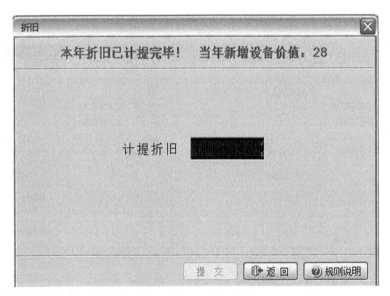

图 3-86 折旧计提完成

5)市场开拓/ISO 资格认证

点击"市场开拓/ISO 资格认证"按钮,如图 3-88 所示,进入"市场开拓/ISO 资格认证投资"界面,如图 3-89 所示。

选择需要开拓的市场和需要认证的管理体系,点击"投资"按钮,如图 3-90 所示,投资完毕后的现金变化如图 3-91 所示。

企业经营管理模拟运作

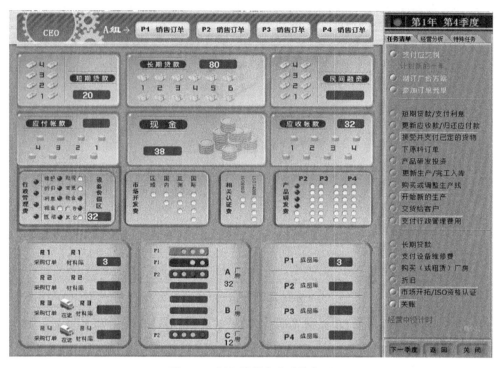

图 3-87　折旧计提完成后的盘面

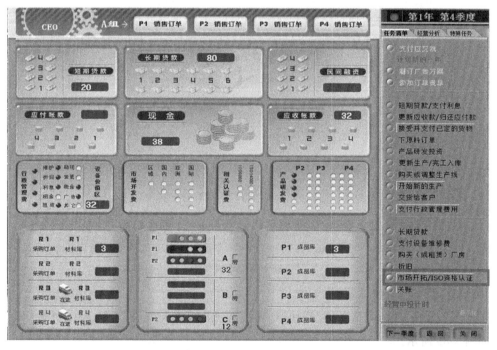

图 3-88　点击"市场开拓/ISO 资格认证"按钮

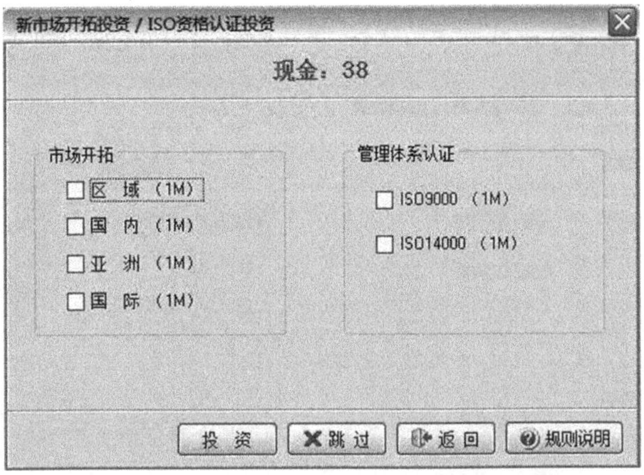

图 3-89 "市场开拓/ISO 资格认证投资"界面

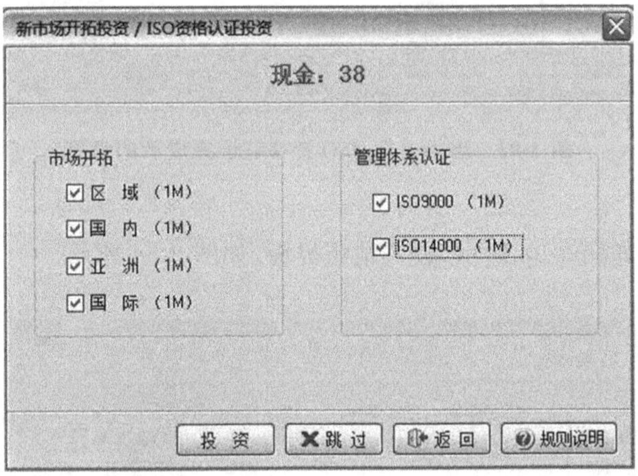

图 3-90 市场开拓/ISO 资格认证投资

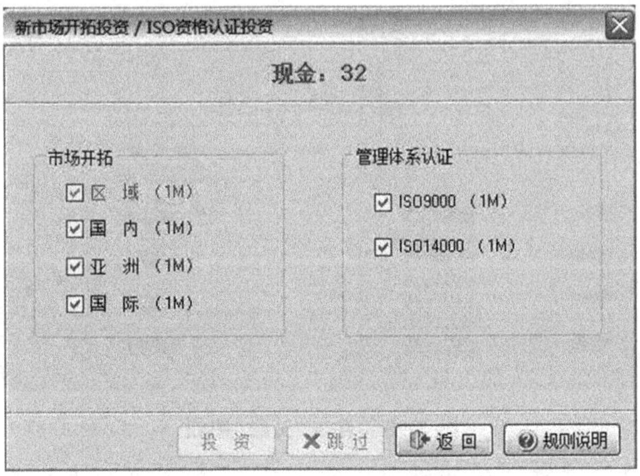

图 3-91 市场开拓/ISO 资格认证完成后的现金变化

投资完毕后的盘面如图 3-92 所示,可以观察到市场开发费、相关认证费和现金区域的变化。

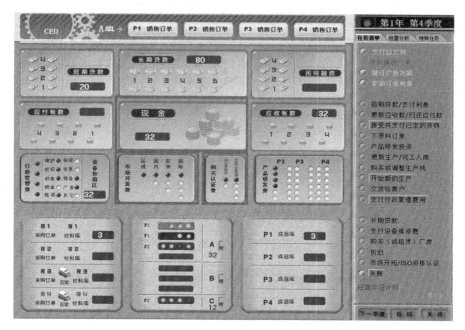

图 3-92　市场开拓/ISO 资格认证完成后的盘面

6）关账

点击"关账"按钮,如图 3-93 所示,进入结账界面,如图 3-94 所示。

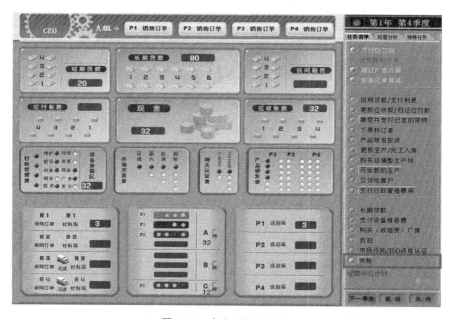

图 3-93　点击"关账"按钮

以上较为详细地展示了第一年的模拟经营流程,一般企业经营沙盘模拟需要经历六年时间,"经营分析"面板提供了"损益表/资产负债表""市场预测"等的查看功能,在经营过程中可以随时使用,如图 3-95 所示,打开的损益表/资产负债表如图 3-96 所示。

项目3 企业经营管理模拟运作体验

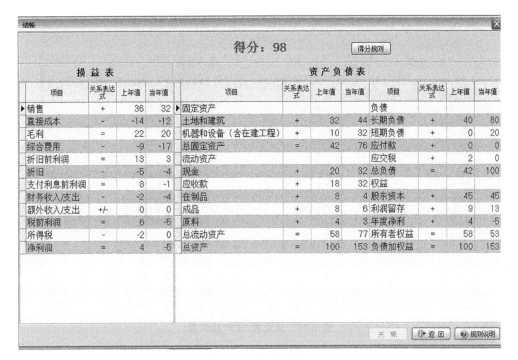

图 3-94 "结账"界面

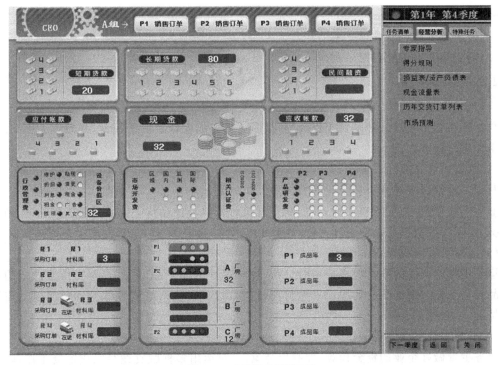

图 3-95 "经营分析"面板

损益表/资产负债表

得分：

损益表

项目	关系表达式	上年值	当年值
销售	+	36	32
直接成本	-	-14	-12
毛利	=	22	20
综合费用	-	-9	-17
折旧前利润	=	13	3
折旧	-	-5	-4
支付利息前利润	=	8	-1
财务收入/支出	-	-2	-4
额外收入/支出	+/-	0	0
税前利润	=	6	-5
所得税	-	-2	0
净利润	=	4	-5

资产负债表

项目	关系表达式	上年值	当年值	项目	关系表达式	上年值	当年值
固定资产				负债			
土地和建筑	+	32	44	长期负债	+	40	80
机器和设备（含在建工程）	+	10	32	短期负债	+	0	20
总固定资产	=	42	76	应付款	+	0	0
流动资产				应交税	+	2	0
现金	+	20	32	总负债	=	42	100
应收款	+	18	32	权益			
在制品	+	8	4	股东资本	+	45	45
成品	+	8	6	利润留存	+	9	13
原料	+	4	3	年度净利	+	4	-5
总流动资产	=	58	77	所有者权益	=	58	53
总资产	=	100	153	负债加权益	=	100	153

返回

图 3-96　损益表/资产负债表

2　能力训练

2.1　训练内容

(1)使用电子沙盘完成第一年的经营。

(2)填制第一年的经营记录表。

2.2　训练步骤

(1)总经理完成经营工作。

总经理指导企业的日常经营工作流程，按照流程完成模拟企业的经营，并做好工作记录，对重点工作进行评点。

(2)营销主管完成经营工作。

营销主管根据市场分析和企业的整体经营策略制定本年的广告策略，并及时投放广告，结合企业的产能数据，完成竞单工作，及时科学地交付订单。在经营中记录质量资格认证、市场开发情况，还需完成销售成品的统计工作，填制相关表格，为财务主管核算期末损益提供数据。

(3)运营主管完成经营工作。

运营主管对企业的原材料进行及时订购，完成企业的新产品研发，合理安排生产线的更新和产品排产工作。根据经营情况记录原材料订货、出入库、生产线建设和变动情况以及在制品变化情况，填制相关表格。

(4)财务主管完成经营工作。

财务主管做好企业的资金预算，控制现金流，及时运用多种融资途径完成筹资工作，防止现金断流。在经营过程中记录现金收支情况，年末填制综合管理费用明细表、损益表和资产负债表。

2.3 训练结果

(1)总经理工作记录。

总经理需填制企业经营流程表,如表3-7所示。

表3-7 企业经营流程表

请按顺序执行下列各项操作,每执行完一项操作,总经理在相应的方格内打"√"				
操作清单	第一季度	第二季度	第三季度	第四季度
支付应交税,计划新的一年				
制订广告方案				
参加订单竞单				
短期贷款/支付利息				
更新应收款/归还应付款				
接受并支付已定的货物				
下原料订单				
产品研发投资				
更新生产/完工入库				
购买或调整生产线				
开始新的生产				
交货给客户				
支付行政管理费用				
长期贷款				
支付设备维修费				
购买(或租赁)厂房				
折旧				
市场开拓/ISO资格认证				
关账				

(2)营销主管工作记录。

营销主管在经营过程中需要填制的表格如表3-8和表3-9所示。

表3-8 广告投放表

广告投入		本地	区域	国内	亚洲	国际
第X年	P1					
	P2					
	P3					
	P4					
合计						
是否具备 ISO 9000 资格				是□	否□	
是否具备 ISO 14000 资格				是□	否□	

表 3-9　订单登记表

序号											合计
产品											
市场											
数量											
账期											
交货季度											
销售额											
成本											
毛利											

（3）运营主管工作记录。

运营主管在经营过程中需要填制的表格如表 3-10 至表 3-12 所示。

表 3-10　生产采购计划表

第×年	第一季度	第二季度	第三季度	第四季度
下线	P1 P2 P3 P4	P1 P2 P3 P4	P1 P2 P3 P4	P1 P2 P3 P4
上线	P1 P2 P3 P4	P1 P2 P3 P4	P1 P2 P3 P4	P1 P2 P3 P4
到库原材料	___R1　___R2 ___R3　___R4	___R1　___R2 ___R3　___R4	___R1　___R2 ___R3　___R4	___R1　___R2 ___R3　___R4
上线所需原材料	___R1　___R2 ___R3　___R4	___R1　___R2 ___R3　___R4	___R1　___R2 ___R3　___R4	___R1　___R2 ___R3　___R4
季度所剩原材料	___R1　___R2 ___R3　___R4	___R1　___R2 ___R3　___R4	___R1　___R2 ___R3　___R4	___R1　___R2 ___R3　___R4
季度所订原材料	___R1　___R2 ___R3　___R4	___R1　___R2 ___R3　___R4	___R1　___R2 ___R3　___R4	___R1　___R2 ___R3　___R4
当季产能	___P1　___P2 ___P3　___P4	___P1　___P2 ___P3　___P4	___P1　___P2 ___P3　___P4	___P1　___P2 ___P3　___P4

表 3-11 当年产能计算表

产品	下线共计/个	已有库存/个	未清订单产品数量/个	该产品产能/个
P1				
P2				
P3				
P4				

表 3-12 生产线信息表

年度	生产线编号	1	2	3	4	5	6	7	8	9	10	11	12
	生产线类型												
	生产线产品												
	新建生产线时间(年)												
	新建生产线时间(季度)												
	建成生产线时间(年)												
	建成生产线时间(季度)												
	初始价值												
1	生产线状态												
	本年度维护												
	本年度折旧												
	当前变卖损失												
	年末净值												
2	生产线状态												
	本年度维护												
	本年度折旧												
	当前变卖损失												
	年末净值												
3	生产线状态												
	本年度维护												
	本年度折旧												
	当前变卖损失												
	年末净值												
4	生产线状态												
	本年度维护												
	本年度折旧												
	当前变卖损失												
	年末净值												
5	生产线状态												
	本年度维护												
	本年度折旧												
	当前变卖损失												
	年末净值												

续表

年度	生产线编号	1	2	3	4	5	6	7	8	9	10	11	12
6	生产线状态												
	本年度维护												
	本年度折旧												
	当前变卖损失												
	年末净值												

(4)财务主管工作记录。

财务主管在经营过程中需要填制的表格如表3-13至表3-17所示。

表3-13 应收账款/贴现信息表

		按订单交货(应收账款)			
	账期	第一季度	第二季度	第三季度	第四季度
应收账款	0期				
	1期				
	2期				
	3期				
	4期				
贴现					
贴息					

表3-14 现金流量表

现金预算	第×年			
	第一季度	第二季度	第三季度	第四季度
期初现金				
支付上年所得税—				
广告投入—				
到期短贷/民融及利息—				
贷短贷收入＋				
贷民融收入＋				
贴现收入＋				
贴现费用—				
到期应收款＋				
到期应付款—				
原材料采购支付现金—				
产品研发—				
生产线变更费用—				
生产线投资本期费用—				
变卖生产线＋				

续表

现金预算	第×年			
	第一季度	第二季度	第三季度	第四季度
加工费—				
交货收到现金+				
行政管理费—				
到期长期贷款及利息—				
长期贷款收入+				
设备维修费—				
厂房租金—				
购买厂房—				
市场开拓费—				
ISO认证费—				
其他(罚金)—				
收入总计				
支出总计				
期末现金				

表 3-15 综合管理费用明细表

项 目	金 额	备 注
行政管理费		
广告费		
设备维修费		
转产费		
租金		
市场开拓		□本地 □区域 □国内 □亚洲 □国际
ISO资格认证		□ISO 9000 □ISO 14000
产品研发		P1( ) P2( ) P3( ) P4( )
合计		

表 3-16 损益表

项 目	期 末 数
销售收入	
直接成本	
毛利	

续表

项　　目	期　末　数
综合费用	
折旧前利润	
折旧	
支付利息前利润	
财务收入/支出	
额外收入/支出	
税前利润	
所得税	
净利润	

表 3-17　资产负债表

资　　产	期　末　数	负债及所有者权益	期　末　数
固定资产：		负债：	
土地和建筑		长期负债	
机器和设备（含在建工程）		短期负债	
总固定资产		应付款	
流动资产：		应交税	
现金		总负债	
应收款		权益：	
在制品		股东资本	
成品		利润留存	
原料		年度净利	
总流动资产		所有者权益	
总资产		负债加权益	

2.4　课后思考

(1)企业资产分为哪两类？具体包含的项目有哪些？
(2)资产负债表、损益表和现金流量表的作用是什么？
(3)请总结经营年中的每项工作对企业现金流和权益的影响，完善表 3-18。

表 3-18　每项工作对企业现金流和权益的影响

时间	工作清单	现金流	权益
年初三项工作	支付应交税		
	制订广告方案		
	参加订单竞单		
每季度十项工作	短期贷款/支付利息		
	更新应收账款/归还应付账款		
	接受并支付已定的货物		
	下原料订单		
	产品研发投资		
	更新生产/完工入库		
	购买或调整生产线		
	开始新的生产		
	交货给客户		
	支付行政管理费		
年末六项工作	长期贷款		
	支付设备维修费		
	购买(或租赁)厂房		
	折旧		
	市场开拓/ISO 资格认证		
	关账		

项目 4 企业经营管理模拟运作实战

一、项目概述

本项目中,学生可以开始真正的企业经营管理模拟运作。因为沙盘运作通常需要经历六个经营年,所以在开始企业每年的各项工作之前,必须首先明确企业的经营思路,制定经营战略。教师先介绍企业经营战略的几种类型,之后结合产品的市场预测,从外部环境、内部环境两个角度指导企业沙盘经营战略的制定,侧重对经营过程中的一些重要指标分析进行指导,并就团队工作运行予以建议,从而让学生在身临其境中学习企业经营管理知识,了解生产型企业的运作过程,在成功与失败的体验中,增强对企业经营管理的理性认知。

二、教学重点与难点

(1)重点:经营战略制定的影响因素、团队的工作运行、经营指标分析、模拟企业经营业绩的综合评价方法。

(2)难点:沙盘企业战略制定,经营指标分析,结合经营指标分析总结经营过程中的不足。

(3)解决方案:采用教学互动的方式,针对学生对战略的理解问题、实战过程中出现的共性问题进行针对性点评,对个性化问题予以指导,并带领学生对企业的经营业绩及主要经营指标予以比较、分析和评价。

三、任务分解

任务一:战略制定与团队工作运行。

任务二:六年经营。

任务一 战略制定与团队工作运行

1 知识链接

1.1 企业经营战略

企业经营战略是企业面对激烈的竞争与严峻的环境,为求得长期生存和不断发展而进行的总体性谋划。经营企业的主要目的就是获取净利润,从损益表结构可以看出,企业要想获得更多的净利润,要么开源(增加销售收入),要么节流(减少支出)。以利润最大化为目标,企业在制定经营战略时,应根据企业所处的市场环境以及环境的未来发展趋势,来确定企业总的行动方向。按照企业的经营态势,经营战略可以分为三种基本类型:

(1)稳定战略。这种战略强调的是投入少量或中等程度的资源,保持现有的产销规模和市场占有率,稳定和巩固现有的竞争地位。这种战略适用于经营优势明显,但暂时没有进一步发展机会,其他企业很难与之抗衡的企业。

(2)发展战略。这种战略的特点是投入大量资源,扩大产销规模,提高竞争地位,提高现有产品的市场占有率,或用新产品开辟新市场。这种战略适用于有发展和壮大机会的企业,是一种进攻型的战略。

(3)紧缩战略,又称"撤退战略"。这种战略适用于外部环境与内部条件都十分不利,企业只有采取撤退措施才能避免更大损失的情况。

1.2 企业模拟经营战略制定过程

1.2.1 战略分析

模拟企业战略分析的主要内容是针对企业发展的内、外部环境进行分析。模拟企业的内部环境比较简单,各企业初始状态完全相同,不同的仅为企业内部的人员情况。模拟企业的外部环境相对复杂,主要包括:

(1)销售市场:预测各个市场对各种产品的需求量和产品价格,分析市场准入规则。
(2)金融机构:分析银行的贷款规则。
(3)供应商:分析原材料采购规则,厂房、生产线投资规则。
(4)认证机构:分析质量认证规则。
(5)政府机构:分析产品生产资格规则。
(6)竞争对手:通过每年初竞单和每年末公布的权益变化,分析其他模拟企业的经营情况。

1.2.2 战略制定

经过战略分析阶段,可以初步拟定模拟企业的几种经营战略。

1)全面发展战略

企业研发全部产品,开发全部市场,尽一切可能扩大生产规模,提高销售收入。

2)集中发展战略

企业开发全部市场,但只研发、生产、销售部分产品,或研发、生产、销售所有产品,但只开发部分市场。

3)局部发展战略

企业只开发部分市场,研发、生产、销售部分产品。

1.2.3 战略评估

评估战略备选方案通常使用三个标准:一是适宜性标准,考虑选择的战略是否发挥了企业的优势,克服了企业的劣势,是否利用了机会,将威胁降低到最低程度,是否有助于企业实现目标;二是可接受性标准,考虑选择的战略能否被企业利益相关者所接受;三是可行性标准,对战略的评估最终要落实到战略收益、风险和可行性分析的财务指标上。

1.2.4 战略选择

模拟企业想要在激烈的竞争中取胜,就必须顺应市场变化,采用最合适的经营战略。通过战略备选方案评估,企业做出最终的战略决策,选择最合适的一种战略并准备实施。通常,经营战略的选择需要企业领导集体决策。

1.3 团队工作运行

1.3.1 角色调整

企业经营的沙盘模拟过程可以分为两阶段,每个阶段完成三年的模拟运作。第一阶段完成后,可以根据经营情况,对企业组织结构进行重新调整。例如,一个学生在第一阶段担任营销主管,在第二阶段则可以担任财务主管。这样,在整个模拟经营过程中,每个学生都可以通过多角色扮演,感受企业各项经营管理工作的区别与联系,体会企业经营管理的真谛。

在第二阶段调整组织结构后,有些学生对新角色需要完成的工作可能不熟悉,需要一个适应过程。解决该问题的一个较好的方法如下:各企业在进行第三年模拟经营时,可以通过讨论,提出一个初步的调整方案,这样,在第三年模拟经营的过程中,学生在完成自身工作的基础上,就会有意识地关注新角色的工作,进入第四年模拟经营后会很快适应。

1.3.2 沟通协作

模拟企业的经营需要良好的沟通与协作,因为企业各职能部门虽然各司其职,但相互之间又是息息相关的。比如,生产部门和采购部门的配合、财务部门与企业各部门之间的联系等。通过部门间的沟通协作,企业在市场风云变化的时候,做出理性的经营决策,高质量完成经营任务。每一个员工在完成本职工作的同时,要积极配合其他员工完成整个企业经营活动。这需要员工具备强烈的团队合作意识,形成团队与个体之间的优势互补,运用团队智慧,对环境变化做出准确的判断和正确的决策。

1.3.3 有难同当

虽然是模拟经营,但是经营过程环环相扣,有时一个小错误就可能导致企业经营失败。尤其在企业模拟经营训练初期,难免犯错,犯错的时候组员不应该相互埋怨,而应该抱着有难同当的思想,找出问题所在,发挥集体的力量,在错误中共同成长和进步。

2 能力训练

2.1 训练内容

(1)制定企业模拟经营战略。

(2)角色调整。

2.2 训练步骤

(1)通过对销售市场、金融机构、供应商、认证机构、政府机构规则的分析和对竞争对手的预测,分别从营销、生产、采购、财务等方面制定企业的经营战略。

(2)小组讨论,制定角色调整方案。

2.3 训练结果

(1)企业模拟经营战略设想。

(2)角色调整信息表。

填写角色调整信息表,如表 4-1 所示。

表 4-1 模拟企业角色调整信息表

企业名称：

学号	姓名	角色 1	角色 2	备注

2.4 课后思考

(1)企业经营战略主要包括哪几种?

(2)请查看 P3、P4 产品的市场订单详情,并结合市场分析,制定高端产品战略。

任务二 六年经营

1 知识链接

1.1 企业模拟经营过程指导

1.1.1 经营时间说明

ITMC 企业经营沙盘的经营周期为 6~8 年,在实际操作和各类沙盘竞赛中,通常选取六年为一个经营周期。时间过短,不易在模拟过程中发现问题,学生对企业沙盘运营的理解和感悟不够;时间过长,容易降低学生的学习兴趣,不利于激发学习热情。所以,经过实战经验总结,认为六年是一个比较合适的选择,因为在六年的模拟经营中,会涉及企业的大部分管理工作,而时间的长度也容易被学生接受。

1.1.2 各经营年学习思路

1)第一年:感性经营

学生通过实战和教师点评,了解企业经营的本质,企业利润的关键因素,市场战略和产品、市场的定位,广告投入收益分析等问题。

2)第二年:理性经营

学生通过实战和教师点评,了解产品需求的数量趋势分析,产品销售价位、销售毛利分析,市场开拓与品牌建设对企业经营的影响,企业偿债能力、营运能力分析等问题。

3)第三年:科学经营

学生通过实战和教师点评,了解企业产供销平衡的达成(以销定产,以产定购)、现金流量预测、生产计划管理、采购计划管理、存货周转率分析等问题。

4)第四年:全成本核算

学生通过实战和教师点评,了解成本分析,学会使用盈亏平衡分析,对产品成本进行优化,真正做到开源节流。

5)第五年:化战略为行动

学生通过实战和教师点评,了解企业如何制定财务预算,如何制定销售计划和市场投入,如何进行高效益的融资管理等问题。

6)第六年:全面信息化

学生通过实战和教师点评,了解利用信息化加快企业管理改进、企业盈利能力分析等问题。

1.2 经营指标分析

企业经营的本质就是在资源一定的前提下,优化资源配置,扩大销售量,增加生产量,降低成本,赢得更大的利润,实现股东权益最大化。

股东权益的主要来源是净利润。净利润来自何处?净利润来自产品的销售,但销售额只有一部分会形成利润。第一,企业的生产制造需要采购原材料,支付生产加工费用和工人工资,当企业把产品销售出去获得销售额时,需要补偿这些直接成本。第二,企业需要补偿为达成销售所支付的各种综合管理费用,包括产品研发费用、广告投入费用、市场开拓费用、设备维修费用和行政管理费等。第三,机器设备在生产运作后会随着时间的推移而贬值,这部分因损耗而减少的价值也需要从销售额中得到补偿,也就是折旧。经过这三个方面的补偿之后,销售额剩下的部分形成支付利息前利润,这部分利润归三方所有。其一是银行,资本中有一部分来自银行的贷款,企业在很大程度上是靠银行的资金产生利润的,而银行贷款给企业的目的是收取利息,即财务费用。其二是国家,公司的运营离不开国家的支持和投入,比如环境、安全、交通保障等,所以利润有一部分归国家所有,即所得税。最后剩余的净利润才是属于公司股东的。

所以,在企业经营过程中,不能做一天和尚撞一天钟,得过且过,而需要采用科学的理论和方法来分析企业经营状况和存在的问题,做到对症下药,最终才能实现股东权益最大化。下面介绍几种经典的经营指标分析方法。

1.2.1 市场占有率分析

市场占有率是指某企业某一产品(或品类)的销售量(或销售额)在市场同类产品(或品类)中所占比重,反映企业在市场上的地位。可以将同一期间各企业市场占有率的数据进行对比,用以确定企业在本年度的市场地位;也可以将同一企业不同年度市场占有率的数据进行对比,从中看到企业历年来市场占有率的变化,侧面反映了企业成长的历程。

1)综合市场占有率分析

综合市场占有率用来分析企业在某个市场所占的市场份额,计算公式为

综合市场占有率=某企业在某市场全部产品的销售数量(销售额)÷全部企业在该市场全部产品的总销售数量(总销售额)×100%

2)产品市场占有率分析

了解企业在各个市场的占有率仅仅是第一步,进一步明确企业生产的各类产品在各个市场的占有率,对企业分析市场、确定竞争优势也是非常必要的。产品市场占有率计算公式为

产品市场占有率=某企业在某市场上的产品销售数量(销售额)÷该市场该产品的总销售数量(总销售额)×100%

在沙盘模拟中,产品市场预测中的订单数是固定的,根据投放的广告得到的订单也是有限的,产品的市场占有率越高,越可能得到更好的收益,产品的市场占有率低则相反。

1.2.2 广告投入收益分析

在沙盘模拟中,每个企业年初的广告策略是非常重要的,有的企业用较少的广告赢得了较理想的客户订单,有的企业恰恰相反,广告费用很高,却没有获得理想的客户订单。为了更加合理地利用广告策略赢得客户订单,就必须认真分析企业内部以及竞争对手的广告收益。

广告投入收益分析是评价企业广告投入收益的一项工作,通常采用广告投入产出比这一指标进行衡量,计算公式为

广告投入产出比=订单销售额÷广告投入

在竞争中,广告投入产出比这一指标既可以用来在企业间横向比较,也可以在企业内部按

经营年纵向比较。如图4-1所示,在某次经营模拟过程中,将参与竞争的六个企业的第五年的广告投入产出比进行比较。通过比较,可以看出C企业每1M的广告投入可以为它带来将近16M的销售收入,广告投入收益胜过其他企业。因此,企业应督促营销主管深入分析对手和市场,尽可能增大广告投入产出比,提升广告投入收益。

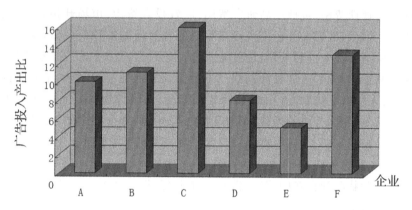

图4-1 第五年各企业广告投入产出比

1.2.3 偿债能力分析

企业的偿债能力是指企业用其资产偿还长期负债与短期负债的能力,它是反映企业财务状况和经营能力的重要指标。偿债能力的分析指标主要有四种,分别是流动比率、速动比率、现金比率和资产负债率。

1)流动比率

流动比率是从流动资产对流动负债的保障程度的角度说明企业的短期偿债能力。流动比率的计算公式为

$$流动比率 = 流动资产合计 \div 流动负债合计$$

在沙盘中,流动资产合计是指资产负债表中的期末流动资产总额,流动负债包括短期负债、应付账款、应交税金和一年内到期的长期贷款。如表4-2所示,在某次经营模拟过程中,将参与竞争的六个企业的第四年流动比率进行了比较。

表4-2 第四年流动比率

企业	A	B	C	D	E	F
流动比率	0.71	0.93	1.46	1.53	1.64	2.07

流动比率是衡量企业短期偿债能力的主要财务指标之一,一般情况下,该指标值越大,表明企业短期偿债能力越强。但是过高的流动比率并非好现象,因为流动比率过高,可能是企业滞留在流动资产上的资金未能有效地得到利用,会影响企业的盈利能力。通常,流动比率在2左右较好。以F企业为例,其流动比率为2.07,这表明该企业每有1元的流动负债,就有2.07元的流动资产作保障,属于正常范围。

2)速动比率

速动比率是从速动资产对流动负债的保障程度的角度说明企业的短期偿债能力。该指标值越大,表明企业速动资产对流动负债的保障程度愈高,企业的短期偿债能力愈强。国际公认

的标准速动比率为1.0,我国目前的较好水平约为0.8。在企业经营模拟课程中,速动比率的计算公式为

$$速动比率 = 速动资产 / 流动负债$$
$$= (流动资产 - 在制品 - 产成品 - 原材料) / 流动负债$$

3) 现金比率

现金比率是从静态现金支付能力的角度说明企业的短期偿债能力。该指标值越大,表明企业的短期偿债能力愈强,但现金比率过高,可能表明企业的现金存量过大,资产对现金的利用不够充分。现金比率一般认为在20%以上为好。现金比率的计算公式为

$$现金比率 = 现金 \div 流动负债$$

4) 资产负债率

资产负债率是指企业期末负债总额所占资产总额的百分比。该指标是从总资产对总负债的保障程度的角度来说明企业的长期偿债能力。相对而言,资产负债率越低,表明企业资产对负债的保障程度越高,企业的长期偿债能力越强。资产负债率的计算公式为

$$资产负债率 = 负债 \div 资产 \times 100\%$$

从经营者的立场看,他们关心的通常是如何实现收益与风险的最佳组合,即以适度的风险获取最大的收益。一般认为企业资产负债率在60%~70%比较合理、稳健,当达到85%及以上时,企业应引起足够的注意,采取适当策略。这一指标并不是绝对指标,需要根据企业自身的条件和市场情况加以判断。

1.2.4 营运能力分析

1) 应收账款周转率和应收账款周转天数

① 应收账款周转率(次数)是企业赊销收入净额与应收账款平均余额的比值,反映企业一定时期内(通常为一年)应收账款转为现金的平均次数。其计算公式为

$$应收账款周转率(次数) = 当期赊销净额 \div 当期平均应收账款$$
$$= (当期销售收入 - 销售退回 - 现销收入) \div$$
$$[(期初应收账款 + 期末应收账款) \div 2]$$

一般情况下,应收账款周转率越高越好。企业设置的应收账款周转率标准值为3。周转率高,表明赊账少,收账迅速,账龄较短,资产流动性强,短期偿债能力强,可以减少坏账损失等。

② 应收账款周转天数也叫平均应收账款回收期或平均收现期。应收账款周转天数表示企业从取得应收账款的权利到收回款项转换为现金所需要的时间。其计算公式为

$$应收账款周转天数 = 计算期天数(通常取360天) \div 应收账款周转率$$

应收账款周转天数是应收账款周转率的一个辅助性指标,周转天数越短,说明流动资金使用效率越好。企业设置的应收账款周转率标准值为100天。

2) 固定资产周转率和固定资产周转天数

① 固定资产周转率(次数)是企业销售收入与固定资产平均余额的比值,反映企业一定时期内(通常为一年)固定资产的周转次数。其计算公式为

$$固定资产周转率(次数) = 当期销售净额 \div 固定资产平均值$$
$$= (销售收入 - 销售折扣与折让) \div$$
$$[(期初固定资产余额 + 期末固定资产余额) \div 2]$$

固定资产周转率主要用于分析厂房、设备等固定资产的利用效率,指标值在 0.8～1 比较正常。固定资产周转率越高,说明固定资产的利用率越高,投资得当,结构合理,管理水平越好,企业的营运能力越强。如果固定资产周转率与同行业平均水平相比偏低,则说明企业对固定资产的利用率较低,可能会影响企业的获利能力。

② 固定资产周转天数是反映固定资产周转情况的一个重要指标,其计算公式为

$$固定资产周转天数 = 计算期天数(通常取 360 天) \div 固定资产周转率$$

1.2.5 存货周转率分析

存货在企业流动资产中所占的比重比较大,存货的周转速度对企业流动比率有着直接的影响,也表明企业在存货管理方面的效率。因此,要特别注重对存货的分析。反映存货周转速度的指标是存货周转率和存货周转天数。

1) 存货周转率(次数)

存货周转率(次数)是企业一定时期(通常为一年)内营业成本(销货成本)与平均存货余额的比值,用于反映存货的周转速度,即存货的流动性及存货资金占用量是否合理,促使企业在保证生产经营连续性的同时,提高资金的使用效率,增强短期偿债能力。存货周转率是对流动资产周转率的补充说明,是衡量企业投入生产、存货管理水平、销售收回能力的综合性指标。其计算公式为

$$存货周转率 = 当期销售(营业)成本 \div 当期平均存货$$
$$= 当期销售(营业)成本 \div [(期初存货余额 + 期末存货余额) \div 2]$$

一般情况下,存货周转率标准值为 3。存货周转率高,表示企业资产由于销售顺畅而具有较高的流动性,存货转换为现金或应收账款的速度快,存货占用水平低。

2) 存货周转天数

存货周转天数是指企业从取得存货开始,至消耗、销售为止所经历的天数。其计算公式为

$$存货周转天数 = 计算期天数 \div 存货周转率$$

周转天数越少,说明存货变现的速度越快,存货占用资金时间越短,存货管理工作的效率越高。

1.2.6 成本分析

企业经营的目的是盈利,在模拟企业中,使利润最大化的方法一是提高销售收入,二是节约成本。企业成本由多项费用要素构成,了解各种费用要素在总成本中所占的比例,分析成本结构,就可以发现比例较高的费用要素。从降低这些比例较高的费用入手,是企业节约成本的有效方法。

费用比例是成本分析里的一项简单分析指标,费用比例的计算公式为

$$费用比例 = 费用 \div 销售收入$$

例如,如果想要分析模拟企业各项费用的费用比例,则根据损益表中费用构成的几大要素(直接成本、综合费用、折旧、财务支出、额外支出)的金额,分别计算各项费用占销售收入的比例,从而得出各费用要素的费用比例。在某次经营模拟过程中,对 E 企业第四年各项费用的费用比例进行分析,发现其广告费、财务支出和折旧费比例都比较大,而同时 E 企业今年的销售额很高,这说明 E 企业可能前期购置的生产线较多,引起折旧较大,盲目投资导致现金周转不灵,只能不断利用贷款、融资、贴现来维持企业运作。这就要求 E 企业在下一年度的运营中要设

计合理的广告方案,节省开支,做好筹资投资决策和现金流量预算。

1.2.7 盈亏平衡分析

盈亏平衡分析也称为保本分析或量本利分析,是通过分析生产成本、销售利润和产品数量这三者的关系,掌握盈亏变化的规律,指导企业制定以最小的成本生产最多的产品,并获得最大利润的经营方案。

其中成本按形态可分为固定成本和变动成本。固定成本是指成本总额在一定时期和一定业务量范围内,不受业务量增减变动影响而保持不变的成本。变动成本指支付给各种变动生产要素的费用,如购买原材料及电力消耗费用和工人工资等,变动成本随产量的变化而变化,常常在实际生产过程开始后才需支付。

盈亏平衡分析有关计算公式:

$$利润 = 产品销售收入 - 总成本$$

$$产品销售收入 = 总成本 + 利润$$

$$产量 \times 单价 = 固定成本 + 变动成本 + 利润$$

$$产量 \times 单价 - 产量 \times 单位变动成本 = 固定成本 + 利润$$

$$产量 \times (单价 - 单位变动成本) = 固定成本 + 利润$$

$$产量 = (固定成本 + 利润) \div (单价 - 单位变动成本)$$

$$盈亏临界点产量 = 固定成本 \div (单价 - 单位变动成本)$$

当利润目标为一定数额时,目标产量保利预测为

$$目标产量 = (固定成本 + 目标利润) \div (单价 - 单位变动成本)$$

当产销量一定时,可实现的利润为

$$目标利润 = 产量 \times (单价 - 单位变动成本) - 固定成本$$

在沙盘模拟经营中,只有通过合理的广告投入,拿到一定数量的订单,把生产线都换成变动成本较低的生产线,才能达到利润的最大化。如果变动成本和销量都无法再优化的时候,需要看一下还有哪些固定成本是可以优化的,尽量减少一些没有实际意义的开支。

1.2.8 盈利能力分析

盈利能力是指企业赚取利润的能力。盈利是企业的重要经营目标,是企业生存、发展的物质基础,它不仅关系到企业的所有者权益,也是企业偿还债务的一项重要来源。盈利能力分析是企业财务分析的重要组成部分,也是评价企业经营管理水平的重要依据。两个重要的盈利能力分析指标如下。

1)资产报酬率

资产报酬率也称资产收益率,是企业一定时期内净利润与平均资产总额的比值,用来衡量企业利用资产获取利润的能力,它反映了企业总资产的利用效率。其计算及公式为

$$资产报酬率 = (净利润 \div 平均资产总额) \times 100\%$$

$$平均资产总额 = (期初资产总额 + 期末资产总额) \div 2$$

在某次经营模拟过程中,对参与竞争的六个企业的第四年的资产报酬率进行比较,具体数据如表4-3所示。

表 4-3 第四年各企业的资产报酬率

企业	A	B	C	D	E	F
资产报酬率/(%)	12.44	11.53	16.91	22.25	14.32	20.17

D企业的资产报酬率为22.25%,说明该企业每100元的资产可以赚取22.25元的净利润。这一比率越高,表明资产的利用效率越高,企业盈利能力越强,说明企业在增加收入和节约资金使用等方面取得了良好的效果。

2)股东权益报酬率

股东权益报酬率也称净资产收益率,是一定时期企业的净利润与股东权益平均总额的比值,反映了企业股东获取投资报酬的高低。其计算公式为

$$股东权益报酬率＝(净利润÷平均股东权益)×100\%$$

$$平均股东权益＝(期初所有者权益＋期末所有者权益)÷2$$

同样,对各企业第四年的股东权益报酬率进行比较,具体数据如表4-4所示。

表 4-4 第四年各企业的股东权益报酬率

企业	A	B	C	D	E	F
股东权益报酬率/(%)	64.20	85.68	70.67	85.04	47.51	64.72

综合以上两种指标来看,第四年D企业的盈利能力最强。

1.3 经营业绩综合评价

模拟企业在完成六年的经营之后,由沙盘系统自动生成系统得分,评价各企业的经营业绩。得分的计算公式为

$$各组得分＝权益×(1＋总分÷100)$$

从得分的构成可以看出,综合评价一个模拟企业的经营业绩主要考虑两方面的因素,一个是权益,一个是总分系数。

1.3.1 权益

在项目3介绍的会计报表中,已经介绍了资产负债表的作用,它可以说明一个企业的财务状况。如果只从资产的角度去评价一个企业,往往不够合理,因为资产通常需要通过负债来建立,而负债最终是需要偿还的。而所有者权益是企业资产减去负债后剩余的部分,是企业的净值,可以作为评价企业经营业绩的指标之一。

1.3.2 总分系数

从资产负债表中所有者权益的计算过程可以看出,它只关注企业的厂房、生产线、产成品、在制品以及资金等因素,还有许多因素没有考虑。例如,两个企业年初各方面情况都一样,在一年的经营过程中,生产、销售等方面的情况也完全相同,但如果一个企业在市场开发、产品研发、质量认证方面投入了较多资金,而另一个企业没有做这方面的工作,反映到年终的资产负债表中,由于市场开发、产品研发、质量认证是削减权益的,所以最终会导致这家企业的权益比另一家低。但是由于该企业进行了市场开发、产品研发、质量认证的工作,拓展了企业的发挥空间,

增强了企业后期的发展潜力,所以在评价模拟企业的经营业绩时,这些因素也应该予以考虑。

所以,用总分系数来综合考虑除权益以外的因素,关于总分中的加分、减分的因素及其对应的分值,如图4-2所示。

```
各组得分==权益×(1+总分÷100)

总分=以下分数的总和:

开发完成的市场:区域加10分,国内加15分,亚洲加20分,国际加25分。
开发完成的ISO认证:ISO9000加10分,ISO14000加15分。
目前拥有的安装完成的生产线:手工线/条加5分,半自动线/条加10分,全自动/条加15分,柔性/条加15分。
目前拥有的自主产权的厂房:A厂房加15分,B厂房加10分,C厂房加5分。
研发完成的产品:P2产品加5分,P3产品加10分,P4产品加15分。
资金使用:未借高利贷加20分,未贴现加20分。
经营超时:每超1分钟减10分(不足1分钟算1分钟)。追加股东投资:减追加投资额乘以2的分值。
```

图4-2　总分中的加分、减分因素及其分值

2　能力训练

2.1　训练内容

(1)使用电子沙盘完成六年经营。

(2)填制每年的经营记录表。

2.2　训练步骤

(1)总经理完成经营工作。

总经理指导企业每年的日常经营工作流程,按照流程完成模拟企业的经营,并做好工作记录,对重点工作进行评点。

(2)营销主管完成经营工作。

营销主管根据市场分析和企业的整体经营策略制定每年的广告策略,并及时投放广告,结合企业的产能数据,完成竞单工作,及时科学地交付订单。在经营中记录质量资格认证、市场开发情况,还需完成销售成品的统计工作,填制相关表格,为财务主管进行期末损益表核算提供数据。

(3)运营主管完成经营工作。

运营主管根据每年的经营计划对企业的原材料进行及时订购,完成企业的新产品研发,合理安排生产线的更新和产品排产工作。根据经营情况记录原材料订货、出入库、生产线建设和变动情况以及在制品变化情况,填制相关表格。

(4)财务主管完成经营工作。

财务主管做好企业每年的资金预算,控制现金流,及时运用多种融资途径完成筹资工作,防止现金断流。在经营过程中记录现金收支情况,每年末填制综合管理费用明细表、损益表和资产负债表。

2.3 训练结果

2.3.1 企业(组号)第一年经营记录

(1)第一年的工作计划。

(2)第一年的工作记录。

第一年的工作记录如表 4-5 至表 4-15 所示。

表 4-5　企业经营流程表 1(总经理填写)

请按顺序执行下列各项操作,每执行完一项操作,总经理在相应的方格内打"√"。

操作清单	第一季度	第二季度	第三季度	第四季度
支付应交税,计划新的一年				
制订广告方案				
参加订单竞单				
短期贷款/支付利息				
更新应收款/归还应付款				
接受并支付已定的货物				
下原料订单				
产品研发投资				
更新生产/完工入库				
购买或调整生产线				
开始新的生产				
交货给客户				
支付行政管理费用				
长期贷款				
支付设备维修费				
购买(或租赁)厂房				
折旧				
市场开拓/ISO 资格认证				
关账				

表 4-6　广告投放表 1（营销主管填写）

广告投入		本　地	区　域	国　内	亚　洲	国　际
第一年	P1					
	P2					
	P3					
	P4					
合计						
是否具备 ISO 9000 资格				是□　　否□		
是否具备 ISO 14000 资格				是□　　否□		

表 4-7　订单登记表 1（营销主管填写）

序　号								合计
产品								
市场								
数量								
账期								
交货季度								
销售额								
成本								
毛利								

表 4-8　生产采购计划表 1（运营主管填写）

第　一　年	第一季度	第二季度	第三季度	第四季度
下线	P1 P2 P3 P4	P1 P2 P3 P4	P1 P2 P3 P4	P1 P2 P3 P4
上线	P1 P2 P3 P4	P1 P2 P3 P4	P1 P2 P3 P4	P1 P2 P3 P4
到库原材料	___R1　___R2 ___R3　___R4	___R1　___R2 ___R3　___R4	___R1　___R2 ___R3　___R4	___R1　___R2 ___R3　___R4
上线所需原材料	___R1　___R2 ___R3　___R4	___R1　___R2 ___R3　___R4	___R1　___R2 ___R3　___R4	___R1　___R2 ___R3　___R4

续表

第 一 年	第一季度	第二季度	第三季度	第四季度
季度所剩原材料	___R1 ___R2 ___R3 ___R4	___R1 ___R2 ___R3 ___R4	___R1 ___R2 ___R3 ___R4	___R1 ___R2 ___R3 ___R4
季度所订原材料	___R1 ___R2 ___R3 ___R4	___R1 ___R2 ___R3 ___R4	___R1 ___R2 ___R3 ___R4	___R1 ___R2 ___R3 ___R4
当季产能	___P1 ___P2 ___P3 ___P4	___P1 ___P2 ___P3 ___P4	___P1 ___P2 ___P3 ___P4	___P1 ___P2 ___P3 ___P4

表 4-9　当年产能计算表 1（运营主管填写）

产　品	下线共计/个	已有库存/个	未清订单产品数量/个	该产品产能/个
P1				
P2				
P3				
P4				

表 4-10　生产线信息表 1（运营主管填写）

年度	生产线编号	1	2	3	4	5	6	7	8	9	10	11	12
	生产线类型												
	生产线产品												
	新建生产线时间（年）												
	新建生产线时间（季度）												
	建成生产线时间（年）												
	建成生产线时间（季度）												
	初始价值												
1	生产线状态												
	本年度维护												
	本年度折旧												
	当前变卖损失												
	年末净值												
2	生产线状态												
	本年度维护												
	本年度折旧												
	当前变卖损失												
	年末净值												
3	生产线状态												
	本年度维护												
	本年度折旧												
	当前变卖损失												
	年末净值												

续表

年度	生产线编号	1	2	3	4	5	6	7	8	9	10	11	12
4	生产线状态												
	本年度维护												
	本年度折旧												
	当前变卖损失												
	年末净值												
5	生产线状态												
	本年度维护												
	本年度折旧												
	当前变卖损失												
	年末净值												
6	生产线状态												
	本年度维护												
	本年度折旧												
	当前变卖损失												
	年末净值												

表 4-11 现金流量表 1（财务主管填写）

现金预算	第一年			
	第一季度	第二季度	第三季度	第四季度
期初现金				
支付上年所得税—				
广告投入—				
到期短贷/民融及利息—				
贷短贷收入＋				
贷民融收入＋				
贴现收入＋				
贴现费用—				
到期应收款＋				
到期应付款—				
原材料采购支付现金—				
产品研发—				
生产线变更费用—				
生产线投资本期费用—				
变卖生产线＋				
加工费—				
交货收到现金＋				
行政管理费—				

续表

现金预算	第一年			
	第一季度	第二季度	第三季度	第四季度
到期长期贷款及利息—				
长期贷款收入＋				
设备维修费—				
厂房租金—				
购买厂房—				
市场开拓费—				
ISO认证费—				
其他（罚金）—				
收入总计				
支出总计				
期末现金				

表 4-12　应收账款/贴现信息表 1（财务主管填写）

按订单交货（应收账款）					
	账期	第一季度	第二季度	第三季度	第四季度
应收账款	0 期				
	1 期				
	2 期				
	3 期				
	4 期				
贴现					
贴息					

表 4-13　综合管理费用明细表 1（财务主管填写）

项　　目	金　　额	备　　注
行政管理费		
广告费		
设备维修费		
转产费		
租金		
市场开拓		□本地　□区域　□国内　□亚洲　□国际
ISO 资格认证		□ISO 9000　　□ISO 14000
产品研发		P1（　　）　P2（　　）　P3（　　）　P4（　　）
合计		

表 4-14　损益表 1（财务主管填写）

项　　目	期　末　数
直接成本	
毛利	
综合费用	
折旧前利润	
折旧	
支付利息前利润	
财务收入／支出	
额外收入／支出	
税前利润	
所得税	
净利润	

表 4-15　资产负债表 1（财务主管填写）

资　　产	期　末　数	负债及所有者权益	期　末　数
固定资产：		负债：	
土地和建筑		长期负债	
机器和设备（含在建工程）		短期负债	
总固定资产		应付款	
流动资产：		应交税	
现金		总负债	
应收款		权益：	
在制品		股东资本	
成品		利润留存	
原料		年度净利	
总流动资产		所有者权益	
总资产		负债加权益	

(3)第一年的工作总结。

学会了什么？

企业经营遇到什么问题？

学会了什么？
下一年准备如何改进？

2.3.2　企业（组号）第二年经营记录

(1) 第二年的工作计划。

(2) 第二年的工作记录。

第二年的工作记录如表 4-16 至表 4-26 所示。

表 4-16　企业经营流程表 2（总经理填写）

请按顺序执行下列各项操作，每执行完一项操作，总经理在相应的方格内打"√"。

操作清单	第一季度	第二季度	第三季度	第四季度
支付应交税,计划新的一年				
制定广告方案				
参加订单竞单				
短期贷款/支付利息				
更新应收款/归还应付款				
接受并支付已定的货物				
下原料订单				
产品研发投资				
更新生产/完工入库				
购买或调整生产线				
开始新的生产				
交货给客户				
支付行政管理费用				
长期贷款				
支付设备维修费				
购买(或租赁)厂房				
折旧				
市场开拓/ISO 资格认证				
关账				

表 4-17　广告投放表 2（营销主管填写）

广告投入		本　地	区　域	国　内	亚　洲	国　际
第二年	P1					
	P2					
	P3					
	P4					
合计						
是否具备 ISO 9000 资格					是□	否□
是否具备 ISO 14000 资格					是□	否□

表 4-18　订单登记表 2（营销主管填写）

序　号									合计
产品									
市场									
数量									
账期									
交货季度									
销售额									
成本									
毛利									

表 4-19　生产采购计划表 2（运营主管填写）

第二年	第一季度	第二季度	第三季度	第四季度
下线	P1 P2 P3 P4	P1 P2 P3 P4	P1 P2 P3 P4	P1 P2 P3 P4
上线	P1 P2 P3 P4	P1 P2 P3 P4	P1 P2 P3 P4	P1 P2 P3 P4
到库原材料	___R1　___R2 ___R3　___R4	___R1　___R2 ___R3　___R4	___R1　___R2 ___R3　___R4	___R1　___R2 ___R3　___R4
上线所需原材料	___R1　___R2 ___R3　___R4	___R1　___R2 ___R3　___R4	___R1　___R2 ___R3　___R4	___R1　___R2 ___R3　___R4
季度所剩原材料	___R1　___R2 ___R3　___R4	___R1　___R2 ___R3　___R4	___R1　___R2 ___R3　___R4	___R1　___R2 ___R3　___R4
季度所订原材料	___R1　___R2 ___R3　___R4	___R1　___R2 ___R3　___R4	___R1　___R2 ___R3　___R4	___R1　___R2 ___R3　___R4
当季产能	___P1　___P2 ___P3　___P4	___P1　___P2 ___P3　___P4	___P1　___P2 ___P3　___P4	___P1　___P2 ___P3　___P4

表 4-20　当年产能计算表 2（运营主管填写）

产品	下线共计/个	已有库存/个	未清订单产品数量/个	该产品产能/个
P1				
P2				
P3				
P4				

表 4-21　生产线信息表 2（运营主管填写）

年度	生产线编号	1	2	3	4	5	6	7	8	9	10	11	12
年度	生产线类型												
	生产线产品												
	新建生产线时间(年)												
	新建生产线时间(季度)												
	建成生产线时间(年)												
	建成生产线时间(季度)												
	初始价值												
1	生产线状态												
	本年度维护												
	本年度折旧												
	当前变卖损失												
	年末净值												
2	生产线状态												
	本年度维护												
	本年度折旧												
	当前变卖损失												
	年末净值												
3	生产线状态												
	本年度维护												
	本年度折旧												
	当前变卖损失												
	年末净值												
4	生产线状态												
	本年度维护												
	本年度折旧												
	当前变卖损失												
	年末净值												
5	生产线状态												
	本年度维护												
	本年度折旧												
	当前变卖损失												
	年末净值												
6	生产线状态												
	本年度维护												
	本年度折旧												
	当前变卖损失												
	年末净值												

表 4-22 现金流量表 2（财务主管填写）

现金预算	第二年			
	第一季度	第二季度	第三季度	第四季度
期初现金				
支付上年所得税－				
广告投入－				
到期短贷/民融及利息－				
贷短贷收入＋				
贷民融收入＋				
贴现收入＋				
贴现费用－				
到期应收款＋				
到期应付款－				
原材料采购支付现金－				
产品研发－				
生产线变更费用－				
生产线投资本期费用－				
变卖生产线＋				
加工费－				
交货收到现金＋				
行政管理费－				
到期长期贷款及利息－				
长期贷款收入＋				
设备维修费－				
厂房租金－				
购买厂房－				
市场开拓费－				
ISO 认证费－				
其他（罚金）－				
收入总计				
支出总计				
期末现金				

表 4-23　应收账款/贴现信息表 2（财务主管填写）

		按订单交货（应收账款）			
	账期	第一季度	第二季度	第三季度	第四季度
应收账款	0 期				
	1 期				
	2 期				
	3 期				
	4 期				
贴现					
贴息					

表 4-24　综合管理费用明细表 2（财务主管填写）

项　目	金　额	备　注
行政管理费		
广告费		
设备维修费		
转产费		
租金		
市场开拓		□本地　□区域　□国内　□亚洲　□国际
ISO 资格认证		□ISO 9000　□ISO 14000
产品研发		P1(　)　P2(　)　P3(　)　P4(　)
合计		

表 4-25　损益表 2（财务主管填写）

项　目	期　末　数
直接成本	
毛利	
综合费用	
折旧前利润	
折旧	
支付利息前利润	
财务收入/支出	
额外收入/支出	
税前利润	
所得税	
净利润	

表 4-26 资产负债表 2（财务主管填写）

资　　产	期　末　数	负债及所有者权益	期　末　数
固定资产：		负债：	
土地和建筑		长期负债	
机器和设备 　（含在建工程）		短期负债	
总固定资产		应付款	
流动资产：		应交税	
现金		总负债	
应收款		权益：	
在制品		股东资本	
成品		利润留存	
原料		年度净利	
总流动资产		所有者权益	
总资产		负债加权益	

（3）第二年的工作总结。

学会了什么？

学会了什么？
企业经营遇到什么问题？
下一年准备如何改进？

2.3.3 企业(组号)第三年经营记录

(1)第三年的工作计划。

（2）第三年的工作记录。

第三年的工作记录如表 4-27 至表 4-37 所示。

表 4-27 企业经营流程表 3（总经理填写）

请按顺序执行下列各项操作,每执行完一项操作,总经理在相应的方格内打"√"。

操作清单	第一季度	第二季度	第三季度	第四季度
支付应交税,计划新的一年				
制定广告方案				
参加订单竞单				
短期贷款/支付利息				
更新应收款/归还应付款				
接受并支付已定的货物				
下原料订单				
产品研发投资				
更新生产/完工入库				
购买或调整生产线				
开始新的生产				
交货给客户				
支付行政管理费用				
长期贷款				
支付设备维修费				
购买(或租赁)厂房				
折旧				
市场开拓/ISO 资格认证				
关账				

表 4-28　广告投放表 3（营销主管填写）

广告投入		本　地	区　域	国　内	亚　洲	国　际
第三年	P1					
	P2					
	P3					
	P4					
合计						
是否具备 ISO 9000 资格				是□　　　否□		
是否具备 ISO 14000 资格				是□　　　否□		

表 4-29　订单登记表 3（营销主管填写）

序　号										合计
产品										
市场										
数量										
账期										
交货季度										
销售额										
成本										
毛利										

表 4-30　生产采购计划表 3（运营主管填写）

第　三　年	第一季度	第二季度	第三季度	第四季度
下线	P1 P2 P3 P4	P1 P2 P3 P4	P1 P2 P3 P4	P1 P2 P3 P4
上线	P1 P2 P3 P4	P1 P2 P3 P4	P1 P2 P3 P4	P1 P2 P3 P4
到库原材料	___R1　___R2 ___R3　___R4	___R1　___R2 ___R3　___R4	___R1　___R2 ___R3　___R4	___R1　___R2 ___R3　___R4
上线所需原材料	___R1　___R2 ___R3　___R4	___R1　___R2 ___R3　___R4	___R1　___R2 ___R3　___R4	___R1　___R2 ___R3　___R4

续表

第 三 年	第一季度	第二季度	第三季度	第四季度
季度所剩原材料	___R1 ___R2 ___R3 ___R4	___R1 ___R2 ___R3 ___R4	___R1 ___R2 ___R3 ___R4	___R1 ___R2 ___R3 ___R4
季度所订原材料	___R1 ___R2 ___R3 ___R4	___R1 ___R2 ___R3 ___R4	___R1 ___R2 ___R3 ___R4	___R1 ___R2 ___R3 ___R4
当季产能	___P1 ___P2 ___P3 ___P4	___P1 ___P2 ___P3 ___P4	___P1 ___P2 ___P3 ___P4	___P1 ___P2 ___P3 ___P4

表 4-31　当年产能计算表 3（运营主管填写）

产品	下线共计/个	已有库存/个	未清订单产品数量/个	该产品产能/个
P1				
P2				
P3				
P4				

表 4-32　生产线信息表 3（运营主管填写）

年度	生产线编号	1	2	3	4	5	6	7	8	9	10	11	12
	生产线类型												
	生产线产品												
	新建生产线时间(年)												
	新建生产线时间(季度)												
	建成生产线时间(年)												
	建成生产线时间(季度)												
	初始价值												
1	生产线状态												
	本年度维护												
	本年度折旧												
	当前变卖损失												
	年末净值												
2	生产线状态												
	本年度维护												
	本年度折旧												
	当前变卖损失												
	年末净值												
3	生产线状态												
	本年度维护												
	本年度折旧												
	当前变卖损失												
	年末净值												

续表

年度	生产线编号	1	2	3	4	5	6	7	8	9	10	11	12
4	生产线状态												
	本年度维护												
	本年度折旧												
	当前变卖损失												
	年末净值												
5	生产线状态												
	本年度维护												
	本年度折旧												
	当前变卖损失												
	年末净值												
6	生产线状态												
	本年度维护												
	本年度折旧												
	当前变卖损失												
	年末净值												

表 4-33　现金流量表 3（财务主管填写）

现金预算	第三年			
	第一季度	第二季度	第三季度	第四季度
期初现金				
支付上年所得税－				
广告投入－				
到期短贷/民融及利息－				
贷短贷收入＋				
贷民融收入＋				
贴现收入＋				
贴现费用－				
到期应收款＋				
到期应付款－				
原材料采购支付现金－				
产品研发－				
生产线变更费用－				
生产线投资本期费用－				
变卖生产线＋				
加工费－				
交货收到现金＋				
行政管理费－				

续表

现金预算	第三年			
	第一季度	第二季度	第三季度	第四季度
到期长期贷款及利息—				
长期贷款收入＋				
设备维修费—				
厂房租金—				
购买厂房—				
市场开拓费—				
ISO 认证费—				
其他（罚金）—				
收入总计				
支出总计				
期末现金				

表 4-34 应收账款/贴现信息表 3（财务主管填写）

按订单交货（应收账款）					
	账期	第一季度	第二季度	第三季度	第四季度
应收账款	0 期				
	1 期				
	2 期				
	3 期				
	4 期				
贴现					
贴息					

表 4-35 综合管理费用明细表 3（财务主管填写）

项 目	金 额	备 注
行政管理费		
广告费		
设备维修费		
转产费		
租金		
市场开拓		□本地　□区域　□国内　□亚洲　□国际
ISO 资格认证		□ISO 9000　　□ISO 14000
产品研发		P1(　)　P2(　)　P3(　)　P4(　)
合计		

表 4-36 损益表 3(财务主管填写)

项　目	期　末　数
直接成本	
毛利	
综合费用	
折旧前利润	
折旧	
支付利息前利润	
财务收入/支出	
额外收入/支出	
税前利润	
所得税	
净利润	

表 4-37 资产负债表 3(财务主管填写)

资　产	期　末　数	负债及所有者权益	期　末　数
固定资产：		负债：	
土地和建筑		长期负债	
机器和设备（含在建工程）		短期负债	
总固定资产		应付款	
流动资产：		应交税	
现金		总负债	
应收款		权益：	
在制品		股东资本	
成品		利润留存	
原料		年度净利	
总流动资产		所有者权益	
总资产		负债加权益	

(3)第三年的工作总结。

学会了什么？

企业经营遇到什么问题？

学会了什么？
下一年准备如何改进？

2.3.4　企业(组号)第四年经营记录

(1)第四年的工作计划。

(2)第四年的工作记录。

第四年的工作记录如表 4-38 至表 4-48 所示。

表 4-38　企业经营流程表 4（总经理填写）

请按顺序执行下列各项操作,每执行完一项操作,总经理在相应的方格内打"√"。				
操作清单	第一季度	第二季度	第三季度	第四季度
支付应交税,计划新的一年				
制订广告方案				
参加订单竞单				
短期贷款/支付利息				
更新应收款/归还应付款				
接受并支付已定的货物				
下原料订单				
产品研发投资				
更新生产/完工入库				
购买或调整生产线				
开始新的生产				
交货给客户				
支付行政管理费用				
长期贷款				
支付设备维修费				
购买（或租赁）厂房				
折旧				
市场开拓/ISO 资格认证				
关账				

表 4-39　广告投放表 4（营销主管填写）

广告投入		本　地	区　域	国　内	亚　洲	国　际
第四年	P1					
	P2					
	P3					
	P4					
	合计					
是否具备 ISO 9000 资格				是□	否□	
是否具备 ISO 14000 资格				是□	否□	

表 4-40　订单登记表 4（营销主管填写）

序　号								合计
产品								
市场								

续表

序　号											合计
数量											
账期											
交货季度											
销售额											
成本											
毛利											

表 4-41　生产采购计划表 4（运营主管填写）

第　四　年	第一季度	第二季度	第三季度	第四季度
下线	P1 P2 P3 P4	P1 P2 P3 P4	P1 P2 P3 P4	P1 P2 P3 P4
上线	P1 P2 P3 P4	P1 P2 P3 P4	P1 P2 P3 P4	P1 P2 P3 P4
到库原材料	＿＿R1　＿＿R2 ＿＿R3　＿＿R4	＿＿R1　＿＿R2 ＿＿R3　＿＿R4	＿＿R1　＿＿R2 ＿＿R3　＿＿R4	＿＿R1　＿＿R2 ＿＿R3　＿＿R4
上线所需原材料	＿＿R1　＿＿R2 ＿＿R3　＿＿R4	＿＿R1　＿＿R2 ＿＿R3　＿＿R4	＿＿R1　＿＿R2 ＿＿R3　＿＿R4	＿＿R1　＿＿R2 ＿＿R3　＿＿R4
季度所剩原材料	＿＿R1　＿＿R2 ＿＿R3　＿＿R4	＿＿R1　＿＿R2 ＿＿R3　＿＿R4	＿＿R1　＿＿R2 ＿＿R3　＿＿R4	＿＿R1　＿＿R2 ＿＿R3　＿＿R4
季度所订原材料	＿＿R1　＿＿R2 ＿＿R3　＿＿R4	＿＿R1　＿＿R2 ＿＿R3　＿＿R4	＿＿R1　＿＿R2 ＿＿R3　＿＿R4	＿＿R1　＿＿R2 ＿＿R3　＿＿R4
当季产能	＿＿P1　＿＿P2 ＿＿P3　＿＿P4	＿＿P1　＿＿P2 ＿＿P3　＿＿P4	＿＿P1　＿＿P2 ＿＿P3　＿＿P4	＿＿P1　＿＿P2 ＿＿P3　＿＿P4

表 4-42　当年产能计算表 4（运营主管填写）

产　品	下线共计/个	已有库存/个	未清订单产品数量/个	该产品产能/个
P1				
P2				
P3				
P4				

表 4-43 生产线信息表 4（运营主管填写）

年度	生产线编号	1	2	3	4	5	6	7	8	9	10	11	12
	生产线类型												
	生产线产品												
	新建生产线时间（年）												
	新建生产线时间（季度）												
	建成生产线时间（年）												
	建成生产线时间（季度）												
	初始价值												
1	生产线状态												
	本年度维护												
	本年度折旧												
	当前变卖损失												
	年末净值												
2	生产线状态												
	本年度维护												
	本年度折旧												
	当前变卖损失												
	年末净值												
3	生产线状态												
	本年度维护												
	本年度折旧												
	当前变卖损失												
	年末净值												
4	生产线状态												
	本年度维护												
	本年度折旧												
	当前变卖损失												
	年末净值												
5	生产线状态												
	本年度维护												
	本年度折旧												
	当前变卖损失												
	年末净值												
6	生产线状态												
	本年度维护												
	本年度折旧												
	当前变卖损失												
	年末净值												

表 4-44　现金流量表 4（财务主管填写）

现金预算	第四年			
	第一季度	第二季度	第三季度	第四季度
期初现金				
支付上年所得税－				
广告投入－				
到期短贷/民融及利息－				
贷短贷收入＋				
贷民融收入＋				
贴现收入＋				
贴现费用－				
到期应收款＋				
到期应付款－				
原材料采购支付现金－				
产品研发－				
生产线变更费用－				
生产线投资本期费用－				
变卖生产线＋				
加工费－				
交货收到现金＋				
行政管理费－				
到期长期贷款及利息－				
长期贷款收入＋				
设备维修费－				
厂房租金－				
购买厂房－				
市场开拓费－				
ISO 认证费－				
其他（罚金）－				
收入总计				
支出总计				
期末现金				

表 4-45　应收账款/贴现信息表 4（财务主管填写）

	按订单交货（应收账款）				
	账期	第一季度	第二季度	第三季度	第四季度
应收账款	0 期				
	1 期				
	2 期				
	3 期				
	4 期				
贴现					
贴息					

表 4-46　综合管理费用明细表 4（财务主管填写）

项　目	金　额	备　注
行政管理费		
广告费		
设备维修费		
转产费		
租金		
市场开拓		□本地　□区域　□国内　□亚洲　□国际
ISO 资格认证		□ISO 9000　　□ISO 14000
产品研发		P1(　)　P2(　)　P3(　)　P4(　)
合计		

表 4-47　损益表 4（财务主管填写）

项　目	期　末　数
直接成本	
毛利	
综合费用	
折旧前利润	
折旧	
支付利息前利润	
财务收入/支出	
额外收入/支出	
税前利润	
所得税	
净利润	

表 4-48 资产负债表 4（财务主管填写）

资产	期末数	负债及所有者权益	期末数
固定资产：		负债：	
土地和建筑		长期负债	
机器和设备（含在建工程）		短期负债	
总固定资产		应付款	
流动资产：		应交税	
现金		总负债	
应收款		权益：	
在制品		股东资本	
成品		利润留存	
原料		年度净利	
总流动资产		所有者权益	
总资产		负债加权益	

（3）第四年的工作总结。

学会了什么？

学会了什么?
企业经营遇到什么问题?
下一年准备如何改进?

2.3.5 企业(组号)第五年经营记录

(1)第五年的工作计划。

(2)第五年的工作记录。

第五年的工作记录如表 4-49 至表 4-59 所示。

表 4-49 企业经营流程表 5(总经理填写)

请按顺序执行下列各项操作,每执行完一项操作,总经理在相应的方格内打"√"。

操作清单	第一季度	第二季度	第三季度	第四季度
支付应交税,计划新的一年				
制订广告方案				
参加订单竞单				
短期贷款/支付利息				
更新应收款/归还应付款				
接受并支付已定的货物				
下原料订单				
产品研发投资				
更新生产/完工入库				
购买或调整生产线				
开始新的生产				
交货给客户				
支付行政管理费用				
长期贷款				
支付设备维修费				
购买(或租赁)厂房				
折旧				
市场开拓/ISO 资格认证				
关账				

表 4-50　广告投放表 5(营销主管填写)

广告投入		本　地	区　域	国　内	亚　洲	国　际
第五年	P1					
	P2					
	P3					
	P4					
	合计					
是否具备 ISO 9000 资格				是□	否□	
是否具备 ISO 14000 资格				是□	否□	

表 4-51　订单登记表 5(营销主管填写)

序　号									合计
产品									
市场									
数量									
账期									
交货季度									
销售额									
成本									
毛利									

表 4-52　生产采购计划表 5(运营主管填写)

第　五　年	第　一　季　度	第　二　季　度	第　三　季　度	第　四　季　度
下线	P1 P2 P3 P4	P1 P2 P3 P4	P1 P2 P3 P4	P1 P2 P3 P4
上线	P1 P2 P3 P4	P1 P2 P3 P4	P1 P2 P3 P4	P1 P2 P3 P4
到库原材料	___R1　___R2 ___R3　___R4	___R1　___R2 ___R3　___R4	___R1　___R2 ___R3　___R4	___R1　___R2 ___R3　___R4
上线所需原材料	___R1　___R2 ___R3　___R4	___R1　___R2 ___R3　___R4	___R1　___R2 ___R3　___R4	___R1　___R2 ___R3　___R4

续表

第 五 年	第一季度	第二季度	第三季度	第四季度
季度所剩原材料	___R1 ___R2 ___R3 ___R4	___R1 ___R2 ___R3 ___R4	___R1 ___R2 ___R3 ___R4	___R1 ___R2 ___R3 ___R4
季度所订原材料	___R1 ___R2 ___R3 ___R4	___R1 ___R2 ___R3 ___R4	___R1 ___R2 ___R3 ___R4	___R1 ___R2 ___R3 ___R4
当季产能	___P1 ___P2 ___P3 ___P4	___P1 ___P2 ___P3 ___P4	___P1 ___P2 ___P3 ___P4	___P1 ___P2 ___P3 ___P4

表 4-53　当年产能计算表 5（运营主管填写）

产　　品	下线共计/个	已有库存/个	未清订单产品数量/个	该产品产能/个
P1				
P2				
P3				
P4				

表 4-54　生产线信息表 5（运营主管填写）

年度	生产线编号	1	2	3	4	5	6	7	8	9	10	11	12
	生产线类型												
	生产线产品												
	新建生产线时间（年）												
	新建生产线时间（季度）												
	建成生产线时间（年）												
	建成生产线时间（季度）												
	初始价值												
1	生产线状态												
	本年度维护												
	本年度折旧												
	当前变卖损失												
	年末净值												
2	生产线状态												
	本年度维护												
	本年度折旧												
	当前变卖损失												
	年末净值												
3	生产线状态												
	本年度维护												
	本年度折旧												
	当前变卖损失												
	年末净值												

续表

年度	生产线编号	1	2	3	4	5	6	7	8	9	10	11	12
4	生产线状态												
	本年度维护												
	本年度折旧												
	当前变卖损失												
	年末净值												
5	生产线状态												
	本年度维护												
	本年度折旧												
	当前变卖损失												
	年末净值												
6	生产线状态												
	本年度维护												
	本年度折旧												
	当前变卖损失												
	年末净值												

表 4-55 现金流量表 5（财务主管填写）

现金预算	第五年			
	第一季度	第二季度	第三季度	第四季度
期初现金				
支付上年所得税－				
广告投入－				
到期短贷/民融及利息－				
贷短贷收入＋				
贷民融收入＋				
贴现收入＋				
贴现费用－				
到期应收款＋				
到期应付款－				
原材料采购支付现金－				
产品研发－				
生产线变更费用－				
生产线投资本期费用－				
变卖生产线＋				
加工费－				
交货收到现金＋				

续表

现金预算	第五年			
	第一季度	第二季度	第三季度	第四季度
行政管理费−				
到期长期贷款及利息−				
长期贷款收入＋				
设备维修费−				
厂房租金−				
购买厂房−				
市场开拓费−				
ISO认证费−				
其他（罚金）−				
收入总计				
支出总计				
期末现金				

表 4-56 应收账款/贴现信息表 5（财务主管填写）

按订单交货（应收账款）					
	账期	第一季度	第二季度	第三季度	第四季度
应收账款	0 期				
	1 期				
	2 期				
	3 期				
	4 期				
贴现					
贴息					

表 4-57 综合管理费用明细表 5（财务主管填写）

项　　目	金　　额	备　　注
行政管理费		
广告费		
设备维修费		
转产费		
租金		
市场开拓		□本地　□区域　□国内　□亚洲　□国际
ISO 资格认证		□ISO 9000　　□ISO 14000

续表

项　　目	金　　额	备　　注
产品研发		P1(　) P2(　) P3(　) P4(　)
合计		

表 4-58　损益表 5（财务主管填写）

项　　目	期　末　数
直接成本	
毛利	
综合费用	
折旧前利润	
折旧	
支付利息前利润	
财务收入/支出	
额外收入/支出	
税前利润	
所得税	
净利润	

表 4-59　资产负债表 5（财务主管填写）

资　　产	期　末　数	负债及所有者权益	期　末　数
固定资产：		负债：	
土地和建筑		长期负债	
机器和设备（含在建工程）		短期负债	
总固定资产		应付款	
流动资产：		应交税	
现金		总负债	
应收款		权益：	
在制品		股东资本	
成品		利润留存	
原料		年度净利	
总流动资产		所有者权益	
总资产		负债加权益	

(3)第五年的工作总结。

学会了什么？

企业经营遇到什么问题？

学会了什么?
下一年准备如何改进?

2.3.6 企业(组号)第六年经营记录

(1)第六年的工作计划。

(2)第六年的工作记录。

第六年的工作记录如表4-60至表4-70所示。

表 4-60 企业经营流程表 6（总经理填写）

操作清单	第一季度	第二季度	第三季度	第四季度
支付应交税，计划新的一年				
制订广告方案				
参加订单竞单				
短期贷款/支付利息				
更新应收款/归还应付款				
接受并支付已定的货物				
下原料订单				
产品研发投资				
更新生产/完工入库				
购买或调整生产线				
开始新的生产				
交货给客户				
支付行政管理费用				
长期贷款				
支付设备维修费				
购买（或租赁）厂房				
折旧				
市场开拓/ISO 资格认证				
关账				

请按顺序执行下列各项操作，每执行完一项操作，总经理在相应的方格内打"√"。

表 4-61 广告投放表 6（营销主管填写）

广告投入		本　地	区　域	国　内	亚　洲	国　际
第六年	P1					
	P2					
	P3					
	P4					
	合计					
是否具备 ISO 9000 资格				是□	否□	
是否具备 ISO 14000 资格				是□	否□	

表 4-62 订单登记表 6（营销主管填写）

序　号										合计
产品										
市场										
数量										

续表

序　号									合计
账期									
交货季度									
销售额									
成本									
毛利									

表 4-63　生产采购计划表 6（运营主管填写）

第 六 年	第 一 季 度	第 二 季 度	第 三 季 度	第 四 季 度
下线	P1 P2 P3 P4	P1 P2 P3 P4	P1 P2 P3 P4	P1 P2 P3 P4
上线	P1 P2 P3 P4	P1 P2 P3 P4	P1 P2 P3 P4	P1 P2 P3 P4
到库原材料	___R1　___R2 ___R3　___R4	___R1　___R2 ___R3　___R4	___R1　___R2 ___R3　___R4	___R1　___R2 ___R3　___R4
上线所需原材料	___R1　___R2 ___R3　___R4	___R1　___R2 ___R3　___R4	___R1　___R2 ___R3　___R4	___R1　___R2 ___R3　___R4
季度所剩原材料	___R1　___R2 ___R3　___R4	___R1　___R2 ___R3　___R4	___R1　___R2 ___R3　___R4	___R1　___R2 ___R3　___R4
季度所订原材料	___R1　___R2 ___R3　___R4	___R1　___R2 ___R3　___R4	___R1　___R2 ___R3　___R4	___R1　___R2 ___R3　___R4
当季产能	___P1　___P2 ___P3　___P4	___P1　___P2 ___P3　___P4	___P1　___P2 ___P3　___P4	___P1　___P2 ___P3　___P4

表 4-64　当年产能计算表 6（运营主管填写）

产品	下线共计/个	已有库存/个	未清订单产品数量/个	该产品产能/个
P1				
P2				
P3				
P4				

表 4-65　生产线信息表 6（运营主管填写）

年度	生产线编号	1	2	3	4	5	6	7	8	9	10	11	12
	生产线类型												
	生产线产品												
	新建生产线时间(年)												
	新建生产线时间(季度)												
	建成生产线时间(年)												
	建成生产线时间(季度)												
	初始价值												
1	生产线状态												
	本年度维护												
	本年度折旧												
	当前变卖损失												
	年末净值												
2	生产线状态												
	本年度维护												
	本年度折旧												
	当前变卖损失												
	年末净值												
3	生产线状态												
	本年度维护												
	本年度折旧												
	当前变卖损失												
	年末净值												
4	生产线状态												
	本年度维护												
	本年度折旧												
	当前变卖损失												
	年末净值												
5	生产线状态												
	本年度维护												
	本年度折旧												
	当前变卖损失												
	年末净值												
6	生产线状态												
	本年度维护												
	本年度折旧												
	当前变卖损失												
	年末净值												

表 4-66 现金流量表 6（财务主管填写）

现金预算	第六年			
	第一季度	第二季度	第三季度	第四季度
期初现金				
支付上年所得税－				
广告投入－				
到期短贷/民融及利息－				
贷短贷收入＋				
贷民融收入＋				
贴现收入＋				
贴现费用－				
到期应收款＋				
到期应付款－				
原材料采购支付现金－				
产品研发－				
生产线变更费用－				
生产线投资本期费用－				
变卖生产线＋				
加工费－				
交货收到现金＋				
行政管理费－				
到期长期贷款及利息－				
长期贷款收入＋				
设备维修费－				
厂房租金－				
购买厂房－				
市场开拓费－				
ISO认证费－				
其他（罚金）－				
收入总计				
支出总计				
期末现金				

表 4-67　应收账款/贴现信息表 6（财务主管填写）

	按订单交货（应收账款）				
	账期	第一季度	第二季度	第三季度	第四季度
应收账款	0 期				
	1 期				
	2 期				
	3 期				
	4 期				
贴现					
贴息					

表 4-68　综合管理费用明细表 6（财务主管填写）

项　目	金　额	备　注
行政管理费		
广告费		
设备维修费		
转产费		
租金		
市场开拓		□本地　□区域　□国内　□亚洲　□国际
ISO 资格认证		□ISO 9000　　□ISO 14000
产品研发		P1(　)　P2(　)　P3(　)　P4(　)
合计		

表 4-69　损益表 6（财务主管填写）

项　目	期　末　数
直接成本	
毛利	
综合费用	
折旧前利润	
折旧	
支付利息前利润	
财务收入/支出	
额外收入/支出	
税前利润	
所得税	
净利润	

表 4-70 资产负债表 6（财务主管填写）

资　　产	期　末　数	负债及所有者权益	期　末　数
固定资产：		负债：	
土地和建筑		长期负债	
机器和设备 　（含在建工程）		短期负债	
总固定资产		应付款	
流动资产：		应交税	
现金		总负债	
应收款		权益：	
在制品		股东资本	
成品		利润留存	
原料		年度净利	
总流动资产		所有者权益	
总资产		负债加权益	

(3) 第六年的工作总结。

学会了什么？

学会了什么？
企业经营遇到什么问题？
下一轮六年的经营准备如何改进？

2.4 课后思考

(1)进行广告投入收益分析时,通常采用哪些指标进行分析?如何计算?

(2)如何理解企业的偿债能力?

(3)成本分析中如何计算费用比例?

(4)在评价企业经营绩效时,通常以盈利能力作为一个重要的衡量手段,试列举盈利能力分析中的两个重要指标,并简述其含义。

(5)经营成绩总分计算中有哪些加分项?分别加多少分?

项目 5 企业经营管理模拟运作领悟

一、项目概述

面对不同的市场竞争环境,模拟企业必须合理制定自己 6~8 年的经营战略,并予以实施,在实施过程中,需要采用合适的策略。本项目将详细介绍几种企业沙盘经营的初级、中级和高级策略,并趁热打铁,通过对企业经营运作过程的全面总结,培养学生在准确判断市场竞争环境的前提下,选择合适的企业经营策略,并随着市场的变化及企业的发展做出合理调整的能力。

在模拟企业的经营中,管理始终贯穿于整个经营过程,没有管理,就谈不上经营,管理的结果最终在经营上体现出来,经营结果代表着管理水平。前序项目已经介绍了有关营销管理、运营管理、财务管理、战略管理的内容,学生也通过实战经营理解了企业管理的职能和作用。本项目将延伸以上内容,重点引入企业资源规划、供应链管理的理论,将学生从实战经营中理解的企业管理知识系统化、一体化。

二、教学重点与难点

(1)重点:各种不同的企业经营策略的思路、企业模拟经营经验、企业资源规划、供应链管理。

(2)难点:企业经营策略调整、经营问题反思、ERP 与 SCM 的整合。

(3)解决方案:教师针对模拟企业简化后的业务,对学生在策略的选择和调整方面做出针对性的点评,并将沙盘模拟经营的经验应用于具体的场景,帮助学生结合实战经历理解经验的运用,并引导学生通过经营结果来分析企业管理问题。

三、任务分解

任务一:企业沙盘模拟经营策略提炼。

任务二:企业沙盘模拟经营经验总结。

任务三:透过经营看管理。

任务一　企业沙盘模拟经营策略提炼

1　知识链接

1.1　企业沙盘模拟经营初级策略

1) 市场竞争态势

各企业产能较小,订单相对比较充裕,竞争不够激烈。

2) 方案的基本思路

因为各企业产能较小,订单相对比较充裕,且前期 P2 产品的价格相对较高,毛利也比较高,因此适合从研发和生产 P2 产品入手,尽快提高本企业的权益,为后期发展打下良好基础。在此基础上,后期会有足够的能力研发 P3 或 P4 产品,实现由 P2 产品向 P3 或 P4 产品进行转移,追求更高的利润。

1.1.1　初级方案的实施路径一

每年年初需要合理投入广告,尽量将当年所有产品全部卖出。

每年年末需要根据不同情况进行市场开发和 ISO 认证的投资,若无特殊情况应全部投资。

为了刚好在某年第一季度开始生产新产品,可以提前计算研发产品和上线的时间。比如,第四年第一季度想要开始生产 P3,则需要在第二年第四季度开始研发,如果要追求产能,可以在第三年第一季度上 P3 全自动线或柔性线,第四年第一季度 P3 刚好可以投入生产。

第一年:从第一季度开始研发 P2,全年研发四个季度的 P2。第一季度卖掉一条手工线,安装一条柔性线;第二季度继续卖掉一条手工线,上一条或者两条 P2 全自动线;第三季度再卖一条手工线;第四季度生产线无变更。在关账前先看权益,权益尽量为 10 的整数倍(如权益为 48,系统视为 40)。

第二年:继续研发两个季度的 P2,生产线基本没有变动。第二季度 P2 将全部研发完成,开始投入生产,第二、三、四季度正常生产。如果现金流压力相对较小,可以考虑第四季度研发一个季度的 P3。

第三年:第一季度继续研发 P3,全年研发四个季度的 P3。根据权益的高低和现金流的流通情况考虑是否能上三条 P3 全自动线(若负担不起三条,根据情况上线),上线时优先放置 C 厂房,若 C 厂房无空线再放置 B 厂房,根据现金流决定第四季度是否购买 B 厂房。

第四年:第一季度 P3 全部研发完成,继续将半自动线卖出,上两条 P3 全自动线,其他季度正常生产。关账前看权益,根据权益开拓市场和认证。

第五年:主卖 P3,辅卖 P2,生产线无变更,四个季度均正常生产。

第六年:生产线无变更,前三个季度均正常生产,第四季度不需要生产。

1.1.2　初级方案的实施路径二

每年年初需要合理投入广告,尽量将当年所有产品全部卖出。

每年年末需要根据不同情况进行市场开发和 ISO 认证的投资,若无特殊情况应全部投资。(前两年可能为了保证权益,减少对市场的开发和 ISO 的认证)

为了刚好在某年第一季度开始生产新产品,可以提前计算研发产品和上线的时间。

第一年:从第一季度开始研发 P2(第二年第二季度可投产);第一季度和第二季度分别卖一条手工线,第二季度买两条全自动线生产 P2;第四季度再卖一条手工线(半自动线可保留)。为了保持权益为 10 的整数倍,有时有必要放弃某个市场的开拓。比如,若当前权益是 32,为了保持 30 的权益,则只可开拓两个市场。ISO 的认证不仅可以加分,而且有些订单必须具备该认证才有资格获取,因此 ISO 认证也是必要的,同样,为了合理分配费用,保持权益,可以将 ISO9000 认证推到第二年。

第二年:第二年第一季度买 1~2 条全自动线生产 P2,其余的操作按照流程正常进行。另外,为了配合 P2 在第二季度的生产,需要在第一季度订购 P2 的原材料,R1、R2 提前一季度订购即可。年末,长期贷款全贷。

第三年:P2 在第三年价格较高,且订单非常有限,即使投入了广告也不一定能抢到订单,所以第三年抢夺 P2 的订单是重点,可以增加广告投放,在本地市场投入 9M 左右的广告费也是正常的。如果现金流压力相对较小,可以考虑第四季度研发一个季度的 P3。

第四年:全年四个季度继续研发 P3。但在 P2 的竞单中,即使三个市场分别投入 6M、6M、6M,共 18M,在市场竞争激烈的环境下,也很有可能拿不到好的订单;而如果有侧重地进行投放,比如分别投入 9M、2M、7M 可能会获得更好的效果。同时,扩张 B 厂房,买三条全自动线生产 P3(第五年第一季度可生产,与产品研发相衔接)。

第五年:主卖 P3,辅卖 P2,而且第三季度可订购 99 个 R3,第四季度可订购 99 个 R2、99 个 R1。

第六年:考虑到得高分,最好避免民间融资或贴现,如果生产线没上满,可以购买手工线或半自动线来加分,也可以购买 B、C 厂房等。第四季度不需要生产,全部停产。

1.1.3 初级方案的实施路径三

每年年初需要合理投入广告,尽量将当年所有产品全部卖出。

每年年末需要根据不同情况进行市场开发和 ISO 认证的投资,若无特殊情况应全部投资。

为了刚好在某年第一季度开始生产新产品,可以提前计算研发产品和上线的时间。

第一年:投中档左右的广告费,争取拿到中高档次的订单。每个季度手工线产品下线后就进行变卖,保留半自动线继续生产。第二季度上一条 P1 全自动线和一条 P2 全自动线。第一年全部研发 P2,然后市场和 ISO 认证全开。

第二年:根据自己的产能合理投放 P1 和 P2 的广告,如果产品卖得多,第二年第一季度再上两条 P2 全自动线,将 A、C 厂房填满。缺钱时才进行短期贷款,第二年年末可以将长期贷款全贷出来,度过第三年的第一次折旧。

第三年:这年权益应该不会太高,但广告不能少,如果拿到的订单不能满足产能,就离破产不远了。因为只生产 P1 和 P2,所以可以将广告散投,每个地方不用投太多,针对 P1,对一个市场进行重投拿第二轮单,针对 P2,也对一个市场进行重投拿第二轮单。在盈利的情况下,尽量选择账期短、单价高的产品,并且第四季度开始研发 P3。

第四年:如果第三年产品卖得较好,第四年可以继续选择上线(资金多上柔性线,资金少上全自动线,不上半自动线和手工线),上线产品可以选择 P3 或 P2。

第五年：本年和第六年国际市场上P1单价很高，第四年可以少卖P1，囤到第五年和第六年进行售卖。第五、六年尽量多卖P3和P2，P1用自动线生产即可，无须再用柔性线生产。第五年年初资金多的情况下将厂房填满，能上什么线就上什么线，第五年年末将第六年所有的原材料订满。

第六年：适当投放广告，尽量盈利，按订单数量生产产品。

1.2 企业沙盘模拟经营中级策略

1）市场竞争态势

经营初期，各企业生产能力比较小，若采用生产P3产品的方法，则存在较大风险，如果有企业共同竞争P3订单，态势就很危险。

2）方案的基本思路

因为各企业生产能力相对较弱，所以前期大部分企业会生产P1和P2，确保经营比较平稳。这样就会有很少的企业避开拥挤的市场去生产P3产品。因为P3的研发费和成本费都很高，所以生产P3可能现金压力相对较大，前三年也并不一定会赚钱，但是与生产P1、P2相比较，可以省去更多的广告费，市场竞争相对小很多。所以第一年应投入较高的广告费拿数量大的订单，尽可能多地出售P1，尽量提高权益去弥补研发P3所损失的权益。

1.2.1 中级方案的实施路径一

若P3市场竞争不够激烈，可以投入少量广告费用。

若P3市场竞争较为激烈，可以考虑在第三年第四季度研发P4，第四年第一季度上P4全自动线，第五年第一季度生产P4。

第一年：从第一季度开始研发P3，全年研发四个季度的P3。第一季度卖一条手工线，上一条柔性线；第二季度再卖一条手工线，上两条P3自动线，分别安置在A厂房和C厂房；第三季度继续卖一条手工线，不上新线。第四季度，关账前观察权益是否低于40，如果低于40，可以选择长期贷款40，并购买C厂房，适当开拓市场和ISO认证。

第二年：第一季度研发P3，经济条件允许的情况下在A厂房上一条P3全自动线；第二季度研发一个P3，并可以开始生产P3；第三、四季度无生产线变更；关账前根据权益决定开拓市场和ISO认证。

第三年：此时P1还有一条半自动线，因此可以在任意市场内投少量广告拿一张P1的订单。第一、二季度正常生产P3产品；第三或第四季度卖掉P1半自动线。

第四年：第一季度观察权益是否超过40，若超过40可以上四条P3自动线，分别安置在A厂房和B厂房；其他季度正常生产。

第五年：生产线无变更，四个季度均正常生产；有能力的情况下在第四季度买下B厂房。

第六年：生产线无更变，第四季度不需要生产；若第五年没有买下B厂房，在第六年末买下B厂房。

1.2.2 中级方案的实施路径二

每年年初需要合理投入广告，尽量将当年所有产品全部卖出。

每年年末需要根据不同情况进行市场开发和ISO认证的投资，若无特殊情况应全部投资。

为了刚好在某年第一季度开始生产新产品，可以提前计算研发产品和上线的时间。

第一年：投中高档位以上的广告，尽量拿到第一、二个订单，将P1尽可能多地卖出去。研发

P3,第一条下线产品的手工线继续生产到第四季度再卖,其他手工线下线产品后就卖掉,保留半自动线继续生产 P1。第二季度上两条 P3 自动线。第一年开拓市场时尽量把权益维持在 40,保证第二年有足够的贷款额度。

第二年:一般直接生产 P3 的企业不多,所以可以省很多广告费。如果第二年拿到了足够的订单,且能赚较多毛利的话,第一季度上一条 P1 全自动线,一条 P3 柔性线。如果资金不足、权益不够就只上全自动线。第二年年末长期贷款全贷。

第三年:一般来说,生产 P2 的企业还是继续生产 P2,因为权益不够连续研发,所以 P3 市场还是比较空,可以少投放广告费。只需要正常交单就可以了,不用上线,第四季度研发 P2。

第四年:P3 市场可能会新进其他竞争对手,所以可以将柔性线转产 P1。根据今年收益情况决定是否卖掉半自动线,上一条全自动线或者柔性线,生产的产品根据市场竞争情况决定。

第五年:多生产 P1 卖入国际市场,适量卖 P2 和 P3。如果资金充足,就在第一季度将 B 厂房的生产线上满。第四季度长期贷款全贷,将第六年需要的原材料全部订购。

第六年:本年产能很大,所以广告费分散投放,产品尽量卖完,关注如国际市场这样单价比较高的市场。按订单数量生产产品,不要囤货。

1.2.3 中级方案的实施路径三

考虑到国际市场到第六年才有 P3 的订单,所以国际市场的开发可以晚一年开始,以保持权益。同样,ISO 9000 认证也可以从第二年才开始。

第一年:第一季度就开始研发 P3(为了保持权益,不要研发 P2 和 P4)。第一、二季度卖掉手工线,并在第二季度买两条全自动线生产 P3。第四季度卖掉手工线。

第二年:第一季度买一条全自动线生产 P3,广告不宜过多,投入 4M 左右即可。长期贷款全贷。

第三年:如果第二、三年发展好,可在第三年扩张 C 厂房,买一条全自动线生产 P3。视竞争情况考虑研发 P4。

第四年:视竞争情况考虑生产 P4,于第四年或第五年扩张 B 厂房,生产 P4。

第五年:主卖 P3、P4,辅卖 P1,生产线无变更,四个季度均正常生产。第三季度可订购 99 个 R3,第四季度分别订购 99 个 R1、R2。

第六年:考虑到得高分,最好避免民间融资或贴现,如果生产线没上满,可以购买手工线或半自动线来加分,也可以购买 B、C 厂房等。第四季度不需要生产,全部停产。

1.3 企业沙盘模拟经营高级策略

1)市场竞争态势

在不同比赛中,不同产品的市场竞争程度不同。可以采取第二年观察法来决定策略。

2)方案的基本思路

如果把握不好市场,可以在第二年观察其他企业的选单情况,根据选单情况决定研发什么产品。这样可以避开拥挤市场,选择一个较为宽松的市场。竞争强度和未来广告费用可能会降低很多,为后期发展打下基础。

1.3.1 高级方案的实施路径一

提示:第一年第四季度研发一组 P2、P3,是为了观察第二年 P2、P3 市场的选单情况,P2、P3 市场哪一个较为宽松,就可以选择第二年主研发哪一个产品,第三年开始生产(本方案以 P3 为例)。

如果 P3 市场很拥挤，可以考虑在第三年第四季度研发 P4，并在第四年第一季度上 P4 自动线，第五年第一季度生产 P4。

第一年：投 1M 的广告费用，无特殊情况拿数量为 1，单价为 5M，账期为 2 的单子。第一季度不研发，生产线无变动，照常生产，第二季度卖一条手工线，第三季度卖一条手工线，第四季度再卖一条手工线，第四季度分别研发一个 P2 和一个 P3。只开拓国内、亚洲和国际市场，ISO 认证选择 ISO 14000，这样权益正好为 40。

第二年：P1 在本地市场投入较高的广告费用，拿数量较多的订单来弥补第二年的权益，使权益不低于 20。从第一季度开始研发 P3，全年研发四个季度的 P3，并上三条 P3 自动线到 A 厂房，根据现金情况可以考虑再上一条 P3 自动线，安置在 C 厂房。第二、三季度正常进行更新，第四季度买下 C 厂房。在第四季度可以进行一些长期贷款（40 或 60），根据权益开拓市场和 ISO 认证。

第三年：由于第三年 P1 市场会很宽松，大部分企业都会选择主要生产 P2 或 P3，所以广告费主投 P1，P3 的广告投入一定要慎重，确保第三年可以卖掉当年所有 P3 产品。四个季度正常生产，生产线无变动。

第四年：只投 P3 的广告费用。第一季度卖掉 P1 半自动线，若权益够高可以考虑上满各个厂房所有空余的生产线，若权益不够高可以选择上部分线。

第五年：本年生产线无变更，四个季度均正常生产，有能力的情况下买下 B 厂房。

第六年：本年生产线无变更，前三个季度正常生产，第四季度不需要生产，若第五年没有买下 B 厂房，在第六年末买下 B 厂房。

1.3.2　高级方案的实施路径二

第一年：由于到第四年，区域市场才对 P4 产品有需求，所以 P4 的研发不宜过早，否则过高的研发费用必然对权益影响很大，因此第一年不研发 P4。第一年不需要买卖生产线，保持原有的三条手工线和一条半自动线，生产 P1 产品。根据 P4 产品市场订单需求的特点，到第五年才对 ISO 认证有要求，所以 ISO 9000 可从第三年开始认证。

第二年：第三季度变卖一条手工线，第四季度再变卖一条手工线和一条半自动线，第二年第四季度开始研发 P4，第四年第一季度可生产。长期贷款全贷。

第三年：第一季度再变卖一条手工线，同时在 A 厂房购买四条全自动线生产 P4。

第四年：若第三年卖完 P1 产品，从第四年开始，就只需要投入 P4 的广告。如果没有竞争，只需要在各市场分别投入 1M 的广告费即可。第四年在 B 厂房购买三条全自动线生产 P4。

第五年：第五年在 C 厂房购买一条柔性线生产 P4（或 P1）。第三季度订购 99 个 R3，第四季度订购 99 个 R1、99 个 R2。

第六年：考虑到得高分，最好避免民间融资或贴现。如果生产线没上满，可以购买手工线或半自动线来加分，也可以购买 B、C 厂房等。第四季度不需要生产，全部停产。

1.3.3　高级方案的实施路径三

除了第二年每年年初需要合理投入广告，尽量将当年所有产品全部卖出。

每年年末需要根据不同情况进行市场开发和 ISO 认证的投资，若无特殊情况应全部投资。

为了刚好在某年第一季度开始生产新产品，可以提前计算研发产品和上线的时间。

第一年：广告投入随意，不过最好投入中高档位的广告。研发 P2，第一时间卖掉手工线，并卖掉半自动线。第二季度上两条 P2 全自动线。

第二年:P1投少量广告,将P1卖掉,P2不投广告。第一季度上两条P2全自动线,将A厂房填满。这一年权益应该不会太低,第四季度将长期贷款全贷。

第三年:此年是关键年份,重投P2广告,确保全部拿到第一位的订单,可以每个市场投入9M的广告费用或者自己调节,尽量第一个拿单,不怕广告多投。将P2的大单全部扫光,把第二年留下的P2和第三年能生产的P2全部卖掉(这样做不仅可以节约一年的广告费,总的来说比两年都投广告的费用要少,而且会让其他生产P2的企业拿不到足够的订单)。第三年年末,权益会涨到很高,可以研发P3或者P4,如果P3市场竞争激烈就研发P4。

第四年:可以适量多投广告,卖光P2(继续压制其他企业,让它们卖不掉上一年的库存,很快它们都会破产)。收益好的话可以用P3或者P4生产线填满B厂房。如果收益一般的话,可以在C厂房上一条柔性线。

第五年:产能扩大,根据前几年的经营,企业排名基本会进入前三名,如果生产P4产品,没有其他企业与本企业竞争,那么市场广告可以投1M。如果生产P3产品,可以适量少投广告,重点是散投,多拿订单,尽量达到企业产能的最大值。第五年第四季度长期贷款全贷,在第三季度和第四季度将第六年的原料数量按99订购。这时如果生产的是P4产品,第六年P4单价会大幅度上调,因为第六年的原材料不花钱,P4单价会碾压其他产品,广告费也低,所以权益会增加比较多。

第六年:如果破产的企业较多,广告费应适量下降,节约权益。建议分散投广告,单价高的市场多投,拿两轮订单。

2 能力训练

2.1 训练内容

企业经营策略实践:参考本任务中给出的企业沙盘模拟经营策略,进行企业的经营运作,并根据市场竞争环境变化,合理调整企业经营策略。

2.2 训练步骤

(1)根据市场情况,选择初级策略、中级策略和高级策略中的一种,按照策略的实施路径进行企业沙盘模拟经营,并根据市场情况进行灵活调整。

(2)总结策略的实施过程和得失。

2.3 训练结果

策略实施总结。

2.4 课后思考

(1)结合具体经营过程,总结竞争态势的变化会受哪些因素影响。
(2)结合具体经营过程,思考如何根据竞争态势调整经营方案。

任务二 企业沙盘模拟经营经验总结

1 知识链接

1.1 经营过程全面总结

模拟经营的目的是理解真实企业经营管理的理论和方法,所以在模拟经营结束之后,必须进行充分的思考,总结经验和教训。学生通过回顾分析整个模拟过程,从所犯的错误中学习与成长,通过理性思考,把握企业经营管理的本质和规律。

1.1.1 企业经营情况总结

对企业经营过程进行回顾总结,可以着重从以下几个方面进行:
(1)企业经营战略及战略执行情况的分析与评价。
(2)企业市场开发、广告投放等营销管理策略以及具体操作过程的分析与评价。
(3)企业原材料订购、产品研发、质量认证、生产线投资等与采购、生产相关的运营管理策略以及具体操作过程的分析与评价。
(4)企业财务管理策略以及具体操作过程的分析与评价。
(5)对团队建设、沟通交流等团队工作运行情况的分析与评价。

1.1.2 新的六年经营思路

很多学生经过第一轮的经营总结后,得到了深刻的经验教训,产生了新的改进思路,并非常渴望能够再拥有一次尝试的机会。在课程学时允许的情况下,可以以六年为一个周期,反复进行多轮企业模拟经营,从而让学生在不断的失败总结中迅速成长,最终通过沙盘形成对真实企业经营管理理论和方法的认识。

新一轮的经营计划可以从以下几个方面进行描绘:
(1)企业战略管理策略,以及作为总经理的计划与打算。
(2)企业市场开发、广告投放等营销管理策略,以及作为营销主管的计划与打算。
(3)企业原材料订购、产品研发、质量认证、生产线投资等与采购、生产相关的运营管理策略,以及作为运营主管的计划与打算。
(4)企业财务管理策略,以及作为财务主管的计划与打算。
(5)团队建设、沟通交流等团队工作运行的策略以及计划与打算。

1.2 战略规划经验

在现实经济生活中,战略规划涉及很多内容。对于 ERP 沙盘模拟企业而言,主要包括市场开发规划、ISO 资格认证规划、生产线投资规划、产品开发规划、产品生产规划等方面。战略规划从时间上分,包括中长期规划和短期规划。中长期规划一般在五年以上,短期规划一般为一年。模拟企业的战略规划应当重视短期规划,短期规划一般在每年年初进行经营流程中的"计划新的一年"环节。

1.2.1 市场开发规划

确定开发市场时,并不是开发的市场越多越好。企业在产品品种丰富、产量较多的情况下,开发的市场越多,产品的销售渠道越多,产品越容易实现销售。但如果企业资金紧张,产品产量又少,盲目开发市场不仅会导致资金更紧张,而且开发出来的市场不能得到充分的利用,则企业的市场开发战略就是不妥当的。因此,企业在开发市场时需综合考虑以下几个因素:

第一,要研究每个市场的销售特点。不同的市场在不同的阶段,其产品需求量和价格水平是不一样的。为此,应当研究每个市场不同产品的需求量和价格水平,比较相同年份相同产品在不同市场的情况,确定企业在不同年份应当进入的市场,从而确定本企业要进入的重点市场以及开发市场的时间。

第二,要考虑本企业的产品战略,确定企业的目标市场。对于不同的产品,在不同的阶段、不同的市场,其价格和市场需求量是不同的。为此,在制定本企业的市场开发战略时,应当结合企业的产品战略进行考虑。比如,企业重点生产的产品是P3,而国际市场只有在第六年才有少量的P3需求,因此,开辟国际市场不一定是必需的。

第三,要估计竞争对手可能进入的市场,如果可能,避开竞争激烈的市场。企业应当从竞争对手的产品开发、市场开发情况出发,分析竞争对手可能重点开发的市场,在市场开发上尽可能抢占先机。当然,竞争的激烈程度也是相对而言。如果本企业的产品丰富,就需要通过丰富的产品占领市场。

第四,要考虑本企业的资金情况,量力而行。对于企业而言,当然希望市场越多越好,但是开发市场是需要资金的。进行市场开发时,不仅应当考虑其可能对本年资金的影响,还应当考虑可能对本年净利润的影响、对本年所有者权益的影响,因为所有者权益最终会影响下一年的贷款额度。一般而言,企业根据产品情况,应当开发三个以上的市场,如果资金许可,应尽可能早地开发。当然,如果企业的资金控制不好,在某个年份出现了严重的资金短缺,则应当暂时停止市场开发,首先考虑生存问题。

1.2.2 ISO 资格认证规划

企业开发 ISO 资格认证,应当考虑企业的资金情况、目标市场和开发时间三方面的内容。比如,企业主要进入的是本地市场、区域市场和国内市场,通过市场预测可以得知,这三个市场对 ISO 认证条件要求不高,在资金紧张的情况下可以不考虑开发。同样,如果企业主要进入的是亚洲市场和国际市场,这两个市场对 ISO 认证条件有要求,但时间比较靠后,一般在后两年才有要求,则企业可以推迟认证开发的开始时间,这样既不影响产品的销售,又没有过早占用资金,提高了资金的使用效率。

1.2.3 产品研发规划

在模拟企业中,产品品种越多,则在各个市场拿单的概率越大,对于提高企业效益有很大帮助。同时,产品品种丰富使得企业在决定新生产线的产品生产时可以选择利润较大的品种,增加了选择的主动性和灵活性。但是,产品研发需要一定的周期,而且需要投入一定的研发费用,所以就存在研发什么产品、什么时候研发的问题。企业在进行产品研发规划时,应当考虑以下几点:

第一，企业目标市场中产品的预计销售量和预计利润水平。企业只有大量生产产品并及时销售出去才能真正产生效益，否则，一般情况下，产品的研发就是失败的。而企业要将生产出来的产品销售出去，首先要考虑市场需求量，只有市场有需求，企业才能进行研发生产。如果市场的需求量不是很大，而所有企业都研发生产的话，势必加剧竞争，对企业会非常不利。其次要考虑目标市场产品的预计利润水平，企业应根据各个市场产品的利润水平综合做出企业的产品研发规划。

第二，竞争对手的产品研发规划。企业在进行产品研发时，应当预测竞争对手的产品研发规划，尽可能形成错位竞争。在模拟经营中，可根据第一年各企业的竞单顺序，初步确定各企业获得的客户订单，再根据年末的经营利润情况，结合企业自身的经营利润来分析判断各企业大致的产品研发规划。

第三，企业自身的生产能力。一般情况下，企业的产品品种越丰富，企业生产的灵活性越强。但是，企业研发产品应当结合企业的生产能力，否则，产品研发出来以后，生产能力不足会导致研发出来的产品不能生产，从而形成资源的浪费。一般情况下，企业每种产品每年的产量应在5件以上，否则就没有竞争力，也不能形成规模效益。

第四，企业的资金状况。研发产品需要投入资金。为此，企业应当考虑自身的资金状况，最基本的原则就是在产品研发上的投入不会导致当期和后期出现资金断流。为此，企业应当做好现金预算。

1.2.4　生产线投资规划

企业要增加利润，必须增加利润高的产品的销售量，而销售量的增加必然涉及生产线生产能力问题。一般情况下，如果企业资金许可，企业应尽可能购买全自动生产线并配置1~2条柔性生产线，并且安装完成的时间越早越好。企业在进行生产线投资规划时，应当考虑以下几个方面的问题：

第一，企业的资金情况。企业在进行购买生产线的决策时，首先应当考虑的是企业的资金情况。这里的资金情况不仅包括当期的资金情况，还包括后期资金的投入情况。因为购买、安装生产线是分期投入的，而且生产线完工、投入产品生产时涉及购买原材料和支付加工费等费用，所以，企业在购买生产线时应当考虑对当期及后期的影响，防止由于资金紧张而中途停止安装和资金不足而导致安装完成后停工的情况。为了保证资金不出现问题，企业最好的应对方式就是编制现金预算，最好是两年以上的滚动预算。

第二，产品研发完工的时间。企业在购买生产线时，应当充分配合生产计划，在生产线安装完工的当季就能投入产品生产才是最佳方案。比如，第一年第二季度开始购买全自动生产线生产P2产品，第二年第二季度该生产线安装完工可以上线生产，如果此时P2产品也刚刚研发成功，则该条全自动生产线的购买时机就是最佳的。如果在第一年第一季度就购买全自动生产线生产P2产品，第二年第一季度该生产线安装成功可以生产产品，但此时P2产品还未研发成功，生产线需停工一个季度，则该条全自动生产线的购买就提早了一个季度。

第三，是否转产。如果企业不准备转产，则应尽可能考虑全自动生产线。如果企业预计生产线需要转产或者为了竞争需要而转产，在资金许可的情况下，则应考虑柔性生产线。

1.2.5　产品生产规划

企业的产品研发出来以后，必须投入生产才能产生效益，这就涉及产品什么时候生产、生产多少的问题。一般情况下，只要企业资金许可，就应当持续生产，即使当期销售任务已完成，生产产生了库存,库存产品也可以在后期通过扩大的市场需求销售出去。企业在进行产品生产规划时,首先应考虑生产单位毛利高的产品,如果各种产品的单位毛利比较接近,则应当选择生产占用资金少的产品。其次应考虑资金的状况,在企业经营前期,资金紧张,一般不宜生产占用资金多的产品,如 P4 产品;在经营后期,如果资金宽裕,应尽可能生产单件毛利润高的产品,如 P3 产品,这样才能保证利润的快速增长。

1.3 营销规划经验

1.3.1 市场预测和竞争对手分析

在实际经营中,企业要准确预测市场需求是非常困难的。而在模拟企业中,由于给出了确定的市场预测,所以,企业应当对市场预测进行充分分析,分析各个市场上产品的预计销售数量、预计销售单价、有无销售条件的限制等。然后,为了能准确地进行广告投放,应初步预计可能的订单数量。

企业经营面对的是一个充满竞争的市场,企业应对竞争对手进行充分了解,根据竞争对手的市场开发、预计产品销售量、资金状况等方面分析其可能的市场策略。通过分析竞争对手的市场开发情况,明确各个市场的竞争状况,可以避免浪费广告费。比如,在第二年,如果各个竞争对手都生产 P1 产品,并且大多数企业年初都有库存,而该年只有本地市场和区域市场,那么,各个竞争对手对 P1 订单的争夺一般会比较激烈。在这种情况下,建议企业不应过多地在各个市场投入广告,而应将重点放在自身的积累上,力争在每个市场取得一张订单就可以了。也就是说,不一定要得到最好的结果,但一定不要得到最坏的结果。

1.3.2 科学制定广告策略

广告策略主要是解决企业在哪些市场上投放广告、在哪些产品上投放广告以及投放多少的问题。企业在制定广告策略时,应把握以下原则:

1)稳健性原则

稳健性要求企业认真分析市场情况,有目的地投放广告,不可意气用事,避免盲目投放广告而造成资金浪费。第一年客户需求订单显示,平均每个企业只有一张订单,根据稳健性原则,企业投放的广告费最好在 1M~3M,但由于第一年账面资金充裕,所以竞争一般比较激烈,在广告投放上就可能存在一些非理性的因素。在这种情况下,从稳健性和长期发展的角度出发,企业更不应当为了争取第一单而盲目投放过多的广告。经验表明,很多小组在第一年由于大量盲目投放广告,导致现金流出过多,不得不在后期筹集更多的资金,或者不得不推迟产品、市场的开发和生产线的改造,导致产能不足而引起后续竞争能力弱等一系列负面影响。

2)效益性原则

效益性是指尽可能使广告投入收益最大化。这就要求在产品数量多的市场上适度地投放广告,在产品价格高的市场上拿到好订单,同时争取毛利高的产品订单。

3)全面性原则

全面性是指企业在制定广告策略时,应充分考虑影响产品销售的各种因素。企业在制定广告策略时,要事先预计市场的销售数量和订单情况、市场的竞争程度、竞争对手可能的市场策略、本企业及竞争对手的资金情况、本企业的重点市场以及实际生产经营状况,包括生产能力、材料供应等因素。只有在充分掌握信息并分析信息的基础上,才能做出正确的决策。

1.3.3 竞单技巧

企业进行正确的广告投放,只是为能拿到订单提供了条件,但能不能拿到最佳的订单,关键在于竞单。所谓最佳的订单,是指将生产的全部销售完,使每张订单的毛利最大,账期最短。这虽然难以实现,却是一个努力的方向。企业在拿订单时,应当注意以下问题。

1) 事先明确每季度各种产品的生产情况

企业在竞单时,有时候会涉及有限制条件的订单,如加急订单,如果事先没有准确计算出各个季度产品的生产情况,在拿单时就会陷入被动。

2) 配合企业的资金预算选单

企业在竞单时,有时候会面临选择。比如有两张订单,销售数量相同,账期和销售额不同,一张账期比较长,但总价比较高,另一张账期比较短,但总价相对较低。遇到这种情况应如何选单呢?一般情况下,如果企业资金比较紧张,就应选择账期比较短、总价相对较低的订单,如果企业没有资金困扰,则应选择总价高的订单。

3) 合理利用规则,配合产量选单

企业如果在某个市场上投放的广告比较多,就有优先选单的权利。在这种情况下,企业应充分把握优先选单的机会。如果本企业有两次以上的选单机会,应分析竞争对手的产量和选单情况。如果本企业在本市场上拿任意订单都能交单,则首先应选择大单。如果所有的竞争对手都不能拿最大订单,只有本企业可以拿,则应选择第二大的订单,将最大的订单放在最后来选。如果某市场某产品有 ISO 认证条件限制,而只有本企业通过了 ISO 资格认证,那么,本企业在有两次选单机会的情况下,应首先选择没有 ISO 认证条件要求的订单,最后选择有 ISO 认证条件要求的订单。这样,一方面可以保证本企业产品的销售;另一方面,由于竞争对手不能选择有 ISO 认证条件要求的订单,因此这种策略在一定程度上遏制了竞争对手的产品销售,是在利用合理规则打压竞争对手。

1.3.4 交单顺序

科学交单可以在一定程度上缓解企业的资金压力,可以避免由于筹资而产生的无谓的财务费用支出。在选择交单顺序时,主要应配合企业的现金预算。企业可以根据事先编制的现金预算,测算出企业在某季度某步骤需要的现金量,如果交货的订单在之前到期收现,则可避免贴现。企业在确定销售订单的交单顺序时,应注意分析以下几个因素。

1) 账期

相同数量的两张订单,由于账期的不同,交单顺序会直接影响企业的现金回笼,这里分两种情况进行研究讨论。第一,在资金暂时不会断流的情况下,即不会因为这两张订单的账期差异而影响资金的正常运行时,可以先交账期长的订单,后交账期短的订单。第二,在资金非常紧张、急需资金回笼的情况下,应先交账期短的订单,以缓解资金压力,尽可能减少贴现,减少财务费用,增大所有者权益。但如果只靠贴现才能解决资金断流的问题,应考虑先交账期长的订单。

2) 数量

如果两张订单是同种产品,但一张订单数量较大,另一张订单数量较小,那么通常情况下,会在数量够的时候先交付数量小的订单。但有时候,可以考虑将产品囤积一个季度,留到下个季度再一起把数量多的订单交了。数量多的订单的销售总额肯定比数量少的销售总额大,有时企业很有可能就因为这点差额导致现金断流而破产,所以将订单的数量进行合理地组合来进行交单也是很有必要的。

3) 销售总额

有时候,交单纯粹是为了贴现,以解决资金问题。在两张订单的产品、数量相同但销售总额不同的情况下,如一张订单总额为20M,另一张订单总额为21M,由于贴现规则是贴7的倍数,而企业需要13M的现金才能满足资金需要,为了配合贴现,避免浪费,不管这两张订单的账期如何,都应先交21M的订单,这样才能保证需要。

4)产品

如果运营主管计算产能时出现失误,竞单完毕之后发现订单量大于产能,这种情况就只能违约。比如,发现多拿了一张P2产品的订单,但由于这张订单的总额太大,现有生产线无法满足生产需要,这时可以考虑进行生产线的转产,将生产其他产品的生产线转为生产P2产品,前提是企业安装有方便转产的柔性生产线,并提前订购原材料,尽可能把损失控制在最小的范围内,以减少违约金的赔偿。

1.4 运营规划经验

1.4.1 生产制造

1)生产线的性价比

沙盘模拟经营的基本功能就是计算,正确的决策一定要依靠数据的支持。下面用数据说话,来讨论生产线的性价比,看看究竟怎样安排生产线最划算。

从规则中得知,手工线生产一个产品需要三个周期,半自动线需要两个生产周期,全自动线和柔性线仅需一个生产周期,那么可以得出三条手工线的产能等于一条全自动线的产能。而购买三条手工线需要15M,购买一条全自动线需要16M;三条手工线第一次折旧共6M,而全自动线第一次折旧5M;在每年的维修费上,三条手工线需要3M的维修费,一条全自动线只需要1M的维修费;另外手工线比全自动线多占用两个生产线的位置,分摊的厂房租金又是全自动线的三倍。

同样,两条半自动线产能等于一条全自动线产能。购买两条半自动线和购买一条全自动线的价格相同,但两条半自动线第一次折旧6M,一条全自动线第一次折旧5M,且由于两条半自动线比一条全自动线多占用一个生产线的位置,所以多分摊一个生产线位的租金。

柔性线和全自动线相比,购买价格贵了8M。如果可以用满四年,那么柔性线的残值比全自动线多2M,相当于柔性线比全自动线贵6M。从规则中知道,柔性线的优势在于转产,假设全自动线转产一次,这个时候需要停产两个周期,同时支付4M的转产费。由于柔性线安装周期和全自动线安装周期相同,因此如果全自动线发生转产,则柔性线可以比全自动线多生产出两个产品,相当于仅比全自动线多支付2M,自然更具优势。

通过这样的比较很容易发现,如果从性价比的角度出发,全自动线是最具性价比的,如果生产线需要转产,则柔性线是最划算的。另外,如果柔性线多的话,利用柔性线可以随意转产的特性,可以集中生产某产品,从而灵活调整交单的顺序和时间,最大限度地避免了贴现。

2)手工线的妙用

在选单过程中,偶尔会遇到订单的数量比实际产能多了1~2个产品的情况,很有可能就因为这一两个产品,导致企业放弃整张订单。这种情况下,可以利用手工线即买即用的特点,在厂房生产线有空余的情况下,第一季度买一条手工线,那么通过三个季度的生产,在第四季度生产出一个产品用来交货,同时将空置的手工线立即出售。通过突击增加手工线的方法,当年购买当年出售,不需要交维修费。虽然利用手工线紧急生产造成了4M的损失,但只要多生产出的产品毛利高,这种方式不失为一种好的选择。需要注意的是,在使用这个方法前,必须弄清楚原材料是否充足。

1.4.2 原材料采购

1)"零库存"管理

原材料的计算、采购排程是物料需求计划的核心内容之一,也是影响公司资金周转率的重要因素。以丰田汽车为首的汽车制造公司采用的"零库存"管理方法得到了很多人的推崇,创造了明显的效益。为什么要推崇"零库存"管理?因为资金是有时间成本的。简单地说,在沙盘模拟经营中,通常会利用贷款,这就意味着用来买原材料的钱是需要支付利息的,而原材料库存本身不会获取利润。因此原材料库存越多,就意味着需要更多的贷款,而增加的这部分贷款会增加财务费用,同时降低了资金周转率,因此减少库存是公司节流的一项重要举措。

沙盘模型中,产品的物料清单(BOM)是确定不变的,且原材料采购提前期也是确定的,因此可以通过明确的生产计划,准确地计算出所需原材料的种类和数量,以及相应的采购时间。例如,P3产品的原材料由2R2+R3构成,假设需要在第四季度交一个P3产品,如果是用自动线生产,那么第三季度就必须上线开始生产了,这个时候R2和R3原材料都必须入库。由于R2原材料需要提前一个季度采购,R3原材料需要提前两个季度采购,需要在第二季度下两个R2原材料订单,在第一季度下一个R3原材料订单,这样就可以保证在第三季度需要上线生产时正好有充足的原材料,同时可以保证第四季度一个P3产品生产下线,准时交货。这就是最基本的生产采购排程。通过精确的排程计算,做到每下一个原材料订单,都明白这个原材料是什么时候、生产什么产品需要的,这样才可以做到准时制管理,实现"零库存"的目标。

2)"百变库存"管理

"零库存"管理的实现,说明企业管理者已经熟练掌握生产排程的技能。但是"零库存"管理是基于将来产品产出不变的情况所做的安排,而实际在沙盘模拟经营中,经常利用柔性线转产来调整已有的一些生产计划,因此追求绝对的"零库存"会导致企业不能根据市场选单情况灵活地调整生产安排。在有柔性线的情况下,原材料采购计划应该多做几种方案,取各种采购方案中的原材料数额的最大值。例如,现有一条柔性生产线,在第三年第一季度有可能要上线生产P2产品,也有可能上线生产P3产品。P2产品的原材料由R1+R2构成,P3产品的原材料由2R2+R3构成。在这种生产安排不确定的情况下,要想在第三年第一季度实现任意产品的转换,就需要在一季度采购R1、R2、R3原材料,这样才能保证生产线可以根据市场接单情况任意选择P2或者P3开工生产。

因此,要想充分发挥柔性线的转产优势,必须做好原材料预算,对市场可能出现的订单情况进行多种可能性的分析。提前在第二年的第三、第四季度进行原材料采购,为转产做好库存准备,同时在第三年的第一、第二季度减少相应的原材料订单,从而将上一年多订的预备转产的原材料库存消化掉。做好原材料的灵活采购计划,即"百变库存"管理,是保证后期机动调整产能、灵活选取订单的基础,同时需要兼顾资金周转率,才能发挥柔性生产线最大的价值。

1.5 财务规划经验

1.5.1 资金筹集

当企业资金紧张,面临断流危险时,可以通过不同的途径筹集资金,使企业渡过暂时的资金危机。同时,企业可以在不同的阶段利用不同的资金筹集渠道筹集资金,为企业的快速发展提供资金保障。企业筹集资金的途径有很多,包括贷款、民间融资、贴现、变卖生产线、出售厂房等,由于每种方式各有特点,所以在使用时应区别对待。

1) 贷款

贷款是企业筹资的主要方式。通过贷款,企业可以解决资金短缺的困难,同时,如果企业资金运用合理,还可以取得远高于贷款利息的投资回报。所以,企业应当考虑适度贷款。贷款包括长期贷款和短期贷款。长期贷款贷款期限长,短期内没有还款的压力,但利率较高,年利率为10%,筹资成本高,一般适用于固定资产等长期资产的投资。短期贷款利率相对较低,年利率为5%,但贷款期限短,还款压力大,特别是在企业的所有者权益逐年降低而又不允许转贷的情况下,风险较大,一般适用于解决流动资金不足的问题,如购买原材料、支付加工费等。总的来说,贷款是企业筹集资金首先应考虑的方式,在不能贷款的情况下再考虑其他的筹资方式。

2) 民间融资

通过民间融资筹集资金,其贷款规则和短期贷款规则相似,但利率很高,年利率为15%,筹资成本极高,而且在计算成绩时要扣分。所以,一般不轻易采用该筹资方式。但是,如果企业资金短缺,而正常贷款已没有额度,借民间融资缓解资金压力也是帮助企业暂时渡过难关的一种方式。

3) 贴现

贴现是企业常用的一种筹资方式,这种筹资方式比较灵活,可以随时进行。但贴现需要有应收账款,而且使用成本高,贴息为1/7。所以企业一般在资金非常困难、贷款额度和民间融资都没有额度时才会采用贴现。当然,有时民间融资还有额度,但所需资金缺口较小,应急时也可以考虑先做贴现工作。

4) 变卖生产线

变卖生产线是指由于资金严重短缺而被迫出售正在使用的生产线的一种筹资方式。企业的生产线只能按残值出售,如果生产线净值远大于残值,则企业出售生产线损失很大。而且,出售生产线意味着企业的生产能力下降,收入降低,对企业非常不利。所以,不到万不得已一般不采用变卖生产线的方式。当然,企业也可能根据规划更新生产线而出售产能低的旧生产线,这种情况不包括在内。

5) 出售厂房

出售厂房可以筹集资金,但出售厂房必须先出售厂房内所有安装好的生产线。这种筹资方式在没有贷款额度也没有民间融资额度且账上没有应收账款时才会考虑。出售厂房收到的是第四账期的应收账款,不能在当期取得现金,所以要提前考虑资金的需求情况,提前出售。一般情况下,出售厂房有两种情况,一种是主动出售,即在市场状况良好的情况下,企业资金筹集困难,但有比较好的发展前景时使用这种方式;另一种是被动出售,即当企业出现现金断流,为了防止破产,不得已而采用这种方式,被动出售对于企业而言是非常危险的。

1.5.2 季末盘点对账

一个有经验的团队,会在进行一年操作之前先做好全年度的预算工作。但在具体执行时,偶尔也会出现比较低级的操作失误,比如忘记在建工程继续投资、忘记新的生产等情况。如果到年底才发现,很可能已经造成无可挽回的损失,而每个季度末的对账工作是对该季度计划执行的一个检验,可以帮助企业及时发现问题,尽早想出对策。季末盘点现金的另外一个重要作用是可以通过季末现金的数额,大概分析出公司的资金周转率。很多新人在初期经营时都喜欢放很多现金在手上,感觉这样很有"安全感"。事实上现金是流动性最强但收益性最弱的资产,只有利用现金才有可能带来收益。现金对于公司来说就像人的血液一样,万万不能缺少,现金流一旦断流,意味着公司即将陷入破产的境地。因此在保证现金流安全的前提下,应尽可能减少季末结余现金,提高资金的周转率,甚至在计算精准的前提下,将季末现金降至零,表示已把所有的资源都用到了极限。

2 能力训练

2.1 训练内容

企业沙盘模拟经营反思。

2.2 训练步骤

各企业成员进行组内讨论,结合项目 4 中六年经营实战出现的问题,借鉴本任务中总结的实战经验,反思企业在战略规划、营销、采购、生产、财务等环节产生问题的原因,对讨论结果进行记录。

2.3 训练结果

企业(组号)问题反思记录如下:

| |
| |
| |
| |
| |

2.4 课后思考

(1)在关账前通过贴现来凑齐明年年初贷款还款额和投完广告之后通过贴现来凑齐年初贷款还款额,在所有者权益的体现上有什么区别?

(2)经过第一轮六年模拟经营实战的亲身经历和总结反思,如果开始新一轮的企业经营,自己可以从哪些方面提升企业经营管理能力?

任务三 透过经营看管理

1 知识链接

企业经营管理沙盘是直观展示企业运营状况的一种教学工具,让学生在分析市场、制定战略、组织生产、市场营销和财务结算等一系列活动中体会企业经营运作的全过程,认识企业资源的有限性,从而深刻理解企业资源规划的重要意义,领悟科学的管理规律,提升管理能力。企业的经营结果可以反映一个企业的管理水平,那应该运用哪些科学的理论方法来进行企业管理呢?

1.1 企业资源计划

企业资源计划(enterprise resource planning,简称 ERP)系统是一种主要面向生产制造行业,进行物质资源、资金资源和信息资源集成一体化管理的企业信息管理系统。ERP 系统以"整个企业资源"为核心,将用户的需求和企业内部的制造活动以及外部供应商的制造资源整合起来,对之进行有效管理。它的目的是将企业各个方面的资源(包括人、财、物、产、供、销等因素)进行合理配置,使其充分发挥效能,使企业在激烈的市场竞争中全方位地发挥能量,从而取得最佳的经济效益。

1.1.1 ERP 发展历程

ERP 理论是随着产品复杂性的增加、市场竞争的加剧以及信息全球化而产生的。ERP 理论的形成与发展大致经历了五个阶段:第Ⅰ阶段——订货点方法(order point method);第Ⅱ阶段——基本 MRP,即基本物料需求计划(material requirement planning);第Ⅲ阶段——闭环 MRP 即闭环物料需求计划;第Ⅳ阶段——MRPⅡ,即制造资源计划(manufacturing resources planning),由于制造资源计划与物料需求计划均可简称为 MRP,因此为了区别于传统的物料需求计划,将制造资源计划简称为 MRP Ⅱ;第Ⅴ阶段——ERP,即企业资源规划。

ERP 发展历程如表 5-1 所示。

表 5-1 ERP 发展历程

发展阶段	时 间	企业经营特点	解决的问题	理 论 依 据
订货点方法	20 世纪 40 年代	降低库存成本; 降低采购费用	如何确定订货时间和订货数量?	库存管理理论
基本 MRP	20 世纪 60 年代	追求库存成本; 手工订货发货; 生产缺货频繁	如何根据主生产计划确定订货时间、订货品种、订货数量?	库存管理理论; 主生产计划; BOM
闭环 MRP	20 世纪 70 年代	计划偏离实际; 手工完成车间作业计划	如何保证从计划制订到有效实施的及时调整?	能力需求计划; 车间作业计划; 计划、实施、反馈与控制的循环
MRP II	20 世纪 80 年代	追求竞争优势; 各子系统之间缺乏联系,甚至彼此矛盾	如何实现管理系统一体化?	决策技术; 系统仿真技术; 物流管理技术; 系统集成技术

续表

发展阶段	时 间	企业经营特点	解决的问题	理 论 依 据
ERP	20世纪90年代	追求技术、管理创新；追求适应市场环境的快速变化	如何在企业及合作伙伴范围内利用一切可利用的资源？	事前控制；混合型生产；供应链技术；JIT和AM技术

1.1.2 ERP系统模块

1）会计核算

会计核算主要是记录、核算、反映和分析资金在企业经济活动中的变动过程及结果。ERP系统中的会计核算模块由总账模块、应收账模块、应付账模块、现金管理模块、固定资产核算模块、多币制模块、工资核算模块、成本模块等构成。

2）财务管理

财务管理的功能主要是基于会计核算的数据,再加以分析,从而进行相应的预测,管理和控制活动,它侧重于财务计划、控制、分析和预测。ERP系统中的财务管理模块包含财务计划、财务分析、财务决策等。

3）生产控制管理

生产控制管理是ERP系统的核心所在,它将企业的整个生产过程有机地结合起来,使得企业能够有效地降低库存、提高效率。同时各个原本分散的生产流程的自动连接,也使得生产流程能够前后连贯地进行,而不会出现生产脱节、耽误交货时间的现象。ERP系统中的生产控制管理模块包含主生产计划、物料需求计划、能力需求计划、车间控制、制造标准等。

4）物流管理

物流管理模块主要对物流成本进行把握,它利用物流要素之间的效益关系,科学、合理地组织物流活动。通过有效的ERP选型,可控制物流活动的费用支出,降低物流总成本,提高企业和社会的经济效益。ERP系统物流管理模块包含物流构成、物流活动的具体过程等。

5）采购管理

采购管理模块可确定订货量、甄别供应商和产品的安全,可随时提供定购、验收信息,跟踪、催促外购或委外加工物料,保证货物及时到达,可建立供应商的档案,用最新的成本信息来调整库存的成本。ERP系统中的采购管理模块包含供应商信息查询、催货、采购与委外加工统计、价格分析等。

6）分销管理

分销管理模块主要对产品、地区、客户等信息管理、统计,并分析销售数量、金额、利润、绩效、客户服务等方面。ERP系统中的分销管理模块包含管理客户信息、销售订单、分析销售结果等。

7）库存控制

库存控制模块用来控制存储物料的数量,以保证稳定的物流支持正常的生产,但又最小限度地占用资本。它是一种相关的、动态的及真实的库存控制系统,它能够结合并满足相关部门的需求,随时间变化动态地调整库存,精确地反映库存现状。ERP系统中的库存控制模块包含为所有的物料建立库存、管理检验入库、收发料的日常业务处理等。

8)人力资源管理

以往的 ERP 系统基本以生产制造及销售过程为中心,但随着企业人力资源的发展,人力资源管理成为独立的模块,被加入 ERP 系统中,和财务、生产系统组成了高效、高度集成的企业资源系统。ERP 系统中的人力资源管理模块包含人力资源规划的辅助决策、招聘管理、工资核算、工时管理、差旅核算等。

1.1.3 ERP 发展趋势

2000 年,美国调查咨询公司 Gartner Group 在原有 ERP 的基础上进行扩展,提出了 ERP Ⅱ (enterprise resource planning Ⅱ)。ERP Ⅱ 是通过支持和优化企业内部和企业之间的协同运作和财务过程,以创造客户和股东价值为目的的一种商务战略和一套面向具体行业领域的应用系统。ERP Ⅱ 和 ERP 的主要区别在于它强调了协同商务的作用,下面介绍 ERP Ⅱ 的特点。

(1)ERP Ⅱ 从传统 ERP 的资源优化和业务处理扩展到利用企业间协作运营的资源信息,并且不局限于电子商务模式的销售和采购;

(2)ERP Ⅱ 的领域已经扩展到非制造业,如金融业、高科技产业、通信业、零售业等,从而使 ERP 的应用范围大大扩展;

(3)ERP Ⅱ 的功能超越了传统通用的制造、分销和财务部分,扩展到那些针对特定行业或行业段的业务;

(4)ERP Ⅱ 的业务处理从注重企业内部流程管理发展到外部联结;

(5)与单调的 ERP 系统结构不同,ERP Ⅱ 系统结构是面向 Web 和面向集成设计的,同时是开放和组件化的;

(6)与 ERP 系统将所有数据存储在企业内部不同,ERP Ⅱ 面向分布在整个商业社区的业务数据进行处理。

1.1.4 典型 ERP 产品

1)SAP ERP 产品

SAP 是 system applications and products 的简称,SAP 蕴含两层含义。

第一,SAP 是公司名称,即 SAP 公司。SAP 公司成立于 1972 年,总部位于德国沃尔多夫市,是全球最大的企业管理和协同化电子商务解决方案供应商、全球第三大独立软件供应商。

第二,SAP 是该公司的 ERP(enterprise-wide resource planning)软件名称,它是 ERP 解决方案的先驱,也是全世界排名第一的 ERP 软件,可以为各种行业、不同规模的企业提供全面的解决方案。

SAP 公司的主要产品线如下:

①Application 产品线,包含 SAP Business Suite/SAP Business ByDesign/SAP Business One,以及很多与 LOB(Line of Business)相关的产品,如 SCM/CRM/PLM/MII 等;

②DB&T 产品线,包含 SAP ASE/SAP IQ/SAP HANA/SAP MaxDB/SAP Replication Server/SAP Anywhere/SAP PowerDesign 等;

③Analytic 产品线,包含 SAP Business Object/GRC/EPM/BPC/Data Service/KXEN/Lumira/Predictive Analytics 等;

④Cloud 产品线,包含 Ariba/SuccessFactor/Cloud for Customer/CRM on Cloud 等;

⑤Mobility 产品线,包含 SMP/Afaria/Agentry/Syclo 等。

2) Oracle ERP 产品

Oracle 公司(甲骨文公司)是全球最大的信息管理软件及服务供应商,成立于 1977 年,总部位于美国加州的红木滩。Oracle ERP 是甲骨文公司的应用产品,全称是 Oracle 电子商务套件(E-Business Suit),是在 ERP 原有基础上的扩展,包括 ERP(企业资源计划管理)、HR(人力资源管理)、CRM(客户关系管理)等多种管理软件的集合,是无缝集成的一个管理套件。Oracle 电子商务套件涵盖了企业经营管理过程的方方面面,它的核心优势就在于集成性和完整性,用户完全可以从 Oracle 公司获得任何所需要的应用功能,更重要的是,它们具有一致的基于 Internet 技术的应用体系结构。

Oracle 应用产品主要由企业管理系统、财务信息系统、人力资源管理系统等构成。Oracle 企业管理系统包括销售订订单管理、工程数据管理、物料清单管理、主生产计划、物料需求计划、能力需求管理、车间生产管理、库存管理、采购管理、成本管理等;Oracle 财务信息系统包括账务管理、应付账管理、应收账管理、固定资产等;人力资源管理系统由 Oracle Personnel(人事管理)、Oracle Payroll(工资管理)两个软件产品组成,为管理企业的人力资源提供了高效实用的电子化工具。

3) 用友 ERP 产品

用友公司是中国最大的管理软件、ERP 软件、财务软件等独立软件供应商。用友 ERP 是一套企业级的解决方案,可满足不同的竞争环境下,不同的制造、商务模式下,以及不同的运营模式下的企业经营,提供从企业日常运营、人力资源管理到办公事务处理等全方位的产品解决方案。用友 ERP 以集成的信息管理为基础,以规范企业运营、改善经营成果为目标,帮助企业"优化资源,提升管理",使企业实现面向市场的赢利性增长。

用友 ERP 产品主要有以下几种。

①用友 NC。

用友 NC 是为集团与行业企业提供的全线管理软件产品。用友 NC 率先采用 J2EE 架构和先进开放的集团级开发平台 UAP,按照"全球化集团管控、行业化解决方案、平台化应用集成"的理念进行设计,目前形成了集团管控 8 大领域、15 大行业、68 年细分行业的解决方案。

②用友 U9。

作为全球第一款基于 SOA 架构的世界级企业管理软件,用友 U9 面向快速发展与成长的中大型制造企业,以"实时企业、全球商务"为核心理念,完全适应多组织供应链协同、多工厂制造协同、产业链协同、产品事业部和业务中心协同的管理模式,更能支持多生产模式的混合生产与规划、多经营模式的混合管理、精益生产、全面成本、跨国财务等深度应用,具有高度灵活的产品架构,帮助企业快速响应变化,支持经营、业务与管理模式的创新。

③用友 U8。

用友 U8 以集成的信息管理为基础,以规范企业运营、改善经营成果为目标,帮助企业"优化资源,提升管理",实现面向市场的赢利性增长。用友 U8 All-in-One 以用友 U8 为核心,全面融合用友公司 PLM、CRM、BI、HR、分销零售、协同办公等产品,目的在于帮助中小企业实现完整的八大经营管理循环,覆盖了 8 大行业及 200 个细分行业,真正实现了企业全面信息化。

4) 金蝶 ERP 产品

金蝶公司是中国软件产业领导厂商、亚太地区管理软件龙头企业、全球领先的在线管理及全程电子商务服务商。金蝶为世界范围内超过 400 万家企业和政府组织成功提供了管理咨询和信息化服务。

金蝶 ERP 产品主要有以下几种。

①金蝶 EAS。

金蝶 EAS 为集团企业提供一体化全面管控解决方案,适用于资本管控型、战略管控型及运营管控型的集团企业。金蝶 EAS 为资本管控型的多元化企业集团提供财务、预算、资金和高级人才的管控体系,为战略管控型的集团企业提供集团财务、企业绩效管理、战略人力资源、内控与风险的全面战略管控,为运营管控型的集团提供战略采购、集中库存、集中销售与分销、协同计划及其复杂的内部交易和协同供应链的集成管理。

②金蝶 K3。

金蝶 K3 是为中小型企业量身定制的企业管理软件。金蝶 K3 集财务管理、供应链管理、生产制造管理、人力资源管理、客户关系管理、企业绩效、移动商务、集成引擎及行业插件等业务管理组件于一体,以成本管理为目标,计划与流程控制为主线,通过对目标责任的明确落实、有效的执行过程管理和激励,帮助企业建立人、财、物、产、供、销科学完整的管理体系。

③金蝶 KIS。

金蝶 KIS 是面向小微企业的日常经营管理信息化研发的一系列软件的总称,软件种类齐全,能够全面满足小微企业的不同阶段、不同功能需求。金蝶 KIS 能帮助企业建立规范的业务流程,提升管理能力,降低管理、经营成本,增强企业竞争力和生存力。2012 年,金蝶 KIS 产品采用最新的云计算、社交网络、移动技术,增加云管理服务功能应用,在原有软件的基础上开发了手机、iPad 等移动应用。新一代金蝶 KIS 软件实现了所有客户端的全覆盖,可以随时、随地处理业务并及时了解企业经营、库存等数据,同时很多管理流程也可以在手机上直接完成。

1.1.5 沙盘与 ERP

在本书介绍的企业沙盘模拟的内容中,涉及真实企业内部计划、营销、制造、采购、财务等方面的内容,而这些内容体现了 ERP 的管理思想,关系到企业管理的各项职能,包括战略管理、营销管理、运营管理以及渗透其中的财务管理等。因此,通过沙盘经营过程可以领悟企业管理的规律,经营水平可以反映企业管理的问题,可以帮助学生运用 ERP 系统集成化、系统化的思想提升企业管理的全过程。

1.2 供应链管理

供应链管理(supply chain management,简称 SCM)是指对整个供应链系统进行计划、协调、操作、控制和优化的各种活动和过程。它的内涵主要在于"以供应链为主线",它以"链"的形式将制造商、用户、零售商和供应商连接在一起,形成一个不可分割的整体,沿着这条链,对物流、信息流、资金流、价值流以及工作流进行计划、组织、协调与控制,寻求建立供、产、销企业以及客户间的战略合作关系,最大限度地减少内耗与浪费,实现供应链整体效率的最优化。它强化与供应商的集成,实现了企业、供应商、重要客户之间的信息共享,从而做到优势互补,共担风险,降低了成本。

1.2.1 ERP 与 SCM 的整合

当今世界已进入互联网时代,在这样的环境下,企业要想生存发展,必须具有两大基本能力,即对市场的快速反应能力、企业与客户和供应商网络的有效协作能力。企业如果缺乏高效率的内部资源整合,将无法面对市场做出快速反应。从这个角度来说,ERP 成功解决了企业内部资源整合的问题,为企业及时应对市场变化提供了保障,但是无法处理企业间集成协作的问题。

而这个缺陷可以由SCM来弥补。SCM的实质在于将企业与其相关企业组成融会贯通的整体,对市场做出快速反应。从系统的功能看,SCM涵盖了供应链计划过程的全部关键工作:生产计划和排程、供应链的需求计划和运输计划,成为整个供应链,包括供应商、生产工厂和复杂的分销网络的计划工具。在实际应用中,SCM完成了ERP的主生产计划、物料需求计划、能力计划或编制车间进度的工作。

1.2.2 供应链管理内容

供应链管理包括计划、采购、制造、配送、退货五大基本内容。

1) 计划

计划是供应链管理的策略性部分。企业需要有一个策略来管理所有的资源,以满足客户对企业产品的需求。好的计划是建立一系列方法来监控供应链,使它能够有效、低成本地为顾客递送高质量和高价值的产品或服务。

2) 采购

采购是指选择能为企业的产品和服务提供货品和服务的供应商,针对供应商建立一套定价、配送和付款流程并创造方法监控和改善管理,把供应商提供的货品和服务的管理流程结合起来,包括提货、核实货单、转送货物到企业的制造部门并批准对供应商的付款等。

3) 制造

制造是指安排生产、测试、打包和准备送货所需的活动,是供应链中测量内容最多的部分,包括质量水平、产品产量和工人的生产效率等的测量。

4) 配送

配送也称为"物流",包括调整用户的定单收据、建立仓库网络、派递送人员提货并送货到顾客手中、建立货品计价系统、接收付款。

5) 退货

配送是供应链中的问题处理部分,是建立网络接收客户退回的次品和多余产品,并在客户应用产品出问题时提供支持。

供应链管理是一种集成的管理思想和方法,它的主要思想是将原来的供应、生产、销售企业之间瓜分利润的竞争关系转变为共同拓展利润空间的合作伙伴关系,实现双赢的理想局面。

2 能力训练

2.1 训练内容

从ERP和SCM的角度,通过企业沙盘模拟经营,理解企业管理的内容,分析企业管理的技巧,感悟企业管理的规律。

2.2 训练步骤

结合企业模拟经营结果,分析经营结果体现的企业管理问题,进行课程总结与路演。

2.3 训练结果

课程总结:沙盘感悟——透过经营看管理。

2.4 课后思考

(1) 简述 ERP 系统的概念,并列举几个 ERP 系统模块。

(2) 如何理解供应链管理思想?

(3) ERP 与 SCM 的区别与联系是什么?

附录 A 8 组市场预测订单信息

8 组的六年市场预测订单信息如附表 A-1 所示。

附表 A-1 8 组订单信息

年度	产品	市场	数量	价格	总计	账期	条件
1	P1	本地	5	4.7	24	3	
1	P1	本地	3	5.2	16	3	
1	P1	本地	1	5	5	2	
1	P1	本地	1	5	5	0	
1	P1	本地	6	5.3	32	4	
1	P1	本地	7	4.5	32	2	
1	P1	本地	2	5.3	11	4	
1	P1	本地	3	5	15	2	
2	P1	本地	2	5	10	4	
2	P1	本地	6	4.3	26	2	
2	P1	本地	4	4.4	18	2	
2	P1	本地	3	4.6	14	3	
2	P1	本地	3	5.3	16	4	
2	P1	本地	1	5	5	0	
2	P1	本地	2	5	10	3	
2	P1	本地	4	4.3	17	1	
2	P1	区域	3	4.5	14	3	
2	P1	区域	1	4.8	5	1	
2	P1	区域	2	5	10	4	
2	P1	区域	2	4.5	9	3	
2	P2	本地	2	6.5	13	4	
2	P2	本地	2	7.5	15	3	加急
2	P2	本地	2	5.5	11	2	
2	P2	本地	3	6	18	3	
2	P2	区域	2	7	14	3	
2	P2	区域	3	6.7	20	3	

续表

年　度	产　品	市　场	数　量	价　格	总　计	账　期	条　件
2	P2	区域	1	7	7	0	
2	P2	区域	2	7.5	15	1	加急
2	P2	区域	3	6	18	2	
2	P2	区域	1	8	8	4	
2	P3	本地	2	7.5	15	2	
2	P3	本地	3	7.5	23	4	
2	P3	本地	2	7	14	1	
3	P1	本地	2	5	10	0	
3	P1	本地	5	4.4	22	2	
3	P1	本地	4	4.7	19	1	加急
3	P1	本地	3	5.3	16	3	
3	P1	本地	4	5	20	1	
3	P1	本地	2	5.5	11	4	加急
3	P1	本地	5	4.6	23	4	
3	P1	国内	1	5	5	0	
3	P1	国内	2	5.5	11	3	
3	P1	国内	4	4.8	19	3	加急
3	P1	国内	4	4.5	18	3	
3	P1	国内	2	5	10	4	
3	P1	国内	3	4.7	14	1	
3	P1	国内	3	4.9	15	2	
3	P1	区域	2	4.5	9	3	
3	P1	区域	2	4.5	9	2	
3	P1	区域	2	5	10	3	
3	P2	本地	1	9	9	0	
3	P2	本地	2	8	16	2	
3	P2	本地	3	8.6	26	3	
3	P2	本地	3	8.7	26	3	加急
3	P2	本地	4	7.5	30	3	
3	P2	本地	3	8	24	2	
3	P2	本地	2	8.5	17	4	

附录A

8组市场预测订单信息

续表

年 度	产 品	市 场	数 量	价 格	总 计	账 期	条 件
3	P2	国内	2	9	18	3	
3	P2	国内	4	7.5	30	3	
3	P2	国内	3	8	24	3	
3	P2	国内	2	8.5	17	1	
3	P2	国内	3	7.7	23	2	
3	P2	国内	1	9	9	0	加急
3	P2	区域	4	7.3	29	4	
3	P2	区域	2	8.5	17	2	
3	P2	区域	2	8	16	1	加急
3	P2	区域	1	8	8	3	
3	P2	区域	3	8.3	25	4	
3	P3	本地	2	7.5	15	3	
3	P3	本地	3	7.4	22	4	
3	P3	本地	1	7.8	8	2	
3	P3	本地	2	7	14	2	
3	P3	国内	2	8	16	3	
3	P3	国内	3	8	24	4	
3	P3	国内	2	8.5	17	4	
3	P3	区域	1	8	8	3	
3	P3	区域	2	8	16	2	
3	P3	区域	2	8	16	3	
3	P3	区域	1	9	9	4	
4	P1	本地	2	5	10	4	加急
4	P1	本地	5	4.3	22	2	
4	P1	本地	3	4.4	13	2	
4	P1	本地	4	4.7	19	3	
4	P1	本地	2	4.5	9	0	
4	P1	本地	1	5	5	1	
4	P1	本地	2	4.5	9	2	
4	P1	本地	4	4.7	19	4	
4	P1	国内	1	4	4	0	

续表

年　度	产　品	市　场	数　量	价　格	总　计	账　期	条　件
4	P1	国内	2	4.5	9	3	
4	P1	国内	4	4.3	17	4	加急
4	P1	国内	2	5	10	4	加急
4	P1	国内	2	4	8	3	
4	P1	国内	3	3.7	11	2	
4	P1	国内	3	4.4	13	2	
4	P1	区域	1	5	5	4	
4	P1	区域	2	4.5	9	2	
4	P1	区域	2	5	10	4	
4	P1	亚洲	4	4.5	18	3	ISO 9000
4	P1	亚洲	3	3.3	10	0	
4	P1	亚洲	4	3.8	15	2	加急
4	P1	亚洲	2	4	8	4	
4	P1	亚洲	2	4	8	3	
4	P1	亚洲	2	3.5	7	1	
4	P1	亚洲	2	5	10	4	ISO 9000
4	P2	本地	4	8.5	34	3	
4	P2	本地	2	8.5	17	2	
4	P2	本地	3	8.7	26	3	
4	P2	本地	2	9	18	0	加急
4	P2	本地	3	9.4	28	2	加急
4	P2	本地	2	9	18	4	
4	P2	本地	3	9	27	3	
4	P2	国内	3	8	24	3	
4	P2	国内	4	8.5	34	3	
4	P2	国内	2	9	18	2	
4	P2	国内	2	7	14	1	
4	P2	国内	3	7	21	0	
4	P2	国内	2	8.5	17	4	
4	P2	区域	3	7.4	22	2	
4	P2	区域	2	7.1	14	1	加急

附录A

8组市场预测订单信息

续表

年 度	产 品	市 场	数 量	价 格	总 计	账 期	条 件
4	P2	区域	3	7.3	22	2	
4	P2	区域	4	7.5	30	3	ISO 9000
4	P2	亚洲	4	6.7	27	4	
4	P2	亚洲	3	6.6	20	3	
4	P2	亚洲	4	5.5	22	2	
4	P2	亚洲	2	7	14	1	
4	P2	亚洲	4	7	28	3	ISO 9000
4	P3	本地	2	7.5	15	2	
4	P3	本地	3	9	27	3	ISO 9000
4	P3	本地	1	8	8	1	
4	P3	本地	3	8.3	25	3	
4	P3	国内	2	7	14	2	
4	P3	国内	2	8.5	17	3	加急
4	P3	国内	1	8	8	0	
4	P3	区域	1	8	8	3	
4	P3	区域	2	7.6	15	2	
4	P3	区域	3	8.3	25	2	
4	P3	区域	2	8.5	17	4	
4	P3	亚洲	2	8.5	17	2	
4	P3	亚洲	2	10	20	2	ISO 9000
4	P3	亚洲	3	8	24	3	
4	P3	亚洲	2	10	20	2	加急
4	P4	区域	4	8	32	2	
4	P4	区域	3	8.3	25	1	
5	P1	本地	4	4.3	17	3	
5	P1	本地	3	3.3	10	0	
5	P1	本地	3	3.3	10	2	
5	P1	本地	2	5	10	4	加急
5	P1	本地	2	4	8	1	

续表

年度	产品	市场	数量	价格	总计	账期	条件
5	P1	国际	2	6.5	13	2	
5	P1	国际	2	6	12	4	加急
5	P1	国际	6	5	30	3	
5	P1	国际	4	5.5	22	4	
5	P1	国际	3	6	18	3	
5	P1	国际	2	6	12	1	
5	P1	国际	1	5	5	0	
5	P1	国际	3	5.3	16	1	
5	P1	国内	3	3.7	11	1	
5	P1	国内	4	3.5	14	3	
5	P1	国内	3	4.3	13	2	
5	P1	国内	2	4.5	9	3	加急
5	P1	区域	1	5	5	4	
5	P1	区域	2	5	10	3	
5	P1	区域	1	5	5	2	加急
5	P1	区域	1	5	5	4	
5	P1	亚洲	1	4	4	4	
5	P1	亚洲	2	3.5	7	1	
5	P1	亚洲	3	3.3	10	2	
5	P1	亚洲	4	3.7	15	4	加急
5	P1	亚洲	2	3.5	7	3	
5	P1	亚洲	2	4.5	9	2	ISO 9000
5	P2	本地	4	8.3	33	3	
5	P2	本地	3	8.6	26	3	
5	P2	本地	3	8	24	2	
5	P2	本地	2	9	18	4	
5	P2	本地	2	8.5	17	2	
5	P2	本地	3	8.6	26	3	
5	P2	本地	2	9	18	1	加急
5	P2	国际	2	6.5	13	2	
5	P2	国际	3	7	21	3	

附录A

8组市场预测订单信息

续表

年 度	产 品	市 场	数 量	价 格	总 计	账 期	条 件
5	P2	国际	2	7	14	4	
5	P2	国内	2	7.5	15	3	
5	P2	国内	4	6.2	25	2	
5	P2	国内	3	7	21	1	
5	P2	国内	2	8	16	4	
5	P2	国内	3	8	24	3	加急
5	P2	区域	2	7.5	15	3	ISO 9000
5	P2	区域	3	5.7	17	2	
5	P2	区域	2	6	12	1	加急
5	P2	区域	3	6.3	19	2	
5	P2	亚洲	1	5	5	0	
5	P2	亚洲	2	7	14	3	ISO 9000
5	P2	亚洲	3	7	21	3	ISO 14000
5	P2	亚洲	3	6	18	2	
5	P2	亚洲	2	6.5	13	1	
5	P2	亚洲	4	6	24	2	
5	P3	本地	4	7.5	30	3	
5	P3	本地	3	9.7	29	3	
5	P3	本地	1	8	8	0	
5	P3	本地	2	8	16	2	
5	P3	本地	4	8.5	34	3	加急
5	P3	国内	1	8	8	2	
5	P3	国内	2	7	14	2	
5	P3	国内	3	9	27	4	ISO 9000
5	P3	国内	2	7.5	15	3	
5	P3	国内	2	7.5	15	1	
5	P3	国内	1	9	9	2	ISO 14000
5	P3	区域	1	10	10	3	ISO 14000
5	P3	区域	2	8	16	3	
5	P3	区域	3	9.3	28	4	ISO 9000
5	P3	区域	1	8	8	1	

续表

年度	产品	市场	数量	价格	总计	账期	条件
5	P3	区域	1	10	10	4	加急
5	P3	区域	2	9.5	19	3	ISO 9000
5	P3	亚洲	2	8	16	1	
5	P3	亚洲	3	8.7	26	2	
5	P3	亚洲	3	10	30	3	ISO 9000
5	P3	亚洲	2	8.5	17	2	
5	P4	本地	2	8	16	2	
5	P4	本地	1	9	9	2	
5	P4	本地	2	9.5	19	3	
5	P4	本地	1	9	9	1	
5	P4	国内	2	8.5	17	3	
5	P4	国内	1	8	8	1	
5	P4	区域	2	8.5	17	4	ISO 14000
5	P4	区域	2	9.5	19	3	ISO 14000/ISO 9000
5	P4	区域	3	8.3	25	2	ISO 9000
5	P4	亚洲	1	10	10	4	ISO 9000
5	P4	亚洲	2	9.5	19	3	ISO 9000
5	P4	亚洲	2	9.5	19	2	ISO 14000
6	P1	本地	3	3.4	10	2	
6	P1	本地	2	3.5	7	3	
6	P1	本地	2	4	8	2	加急
6	P1	本地	3	3.7	11	3	
6	P1	国际	2	5.5	11	1	
6	P1	国际	2	5.5	11	1	
6	P1	国际	3	6.3	19	4	
6	P1	国际	3	6	18	3	
6	P1	国际	2	6.5	13	4	
6	P1	国际	4	6	24	3	
6	P1	国际	1	6	6	2	
6	P1	国际	3	5.4	16	2	
6	P1	国内	3	4	12	3	ISO 9000

附录A

8组市场预测订单信息

续表

年 度	产 品	市 场	数 量	价 格	总 计	账 期	条 件
6	P1	国内	2	3.5	7	2	
6	P1	国内	3	3.6	11	3	
6	P1	国内	1	4	4	2	加急
6	P1	区域	1	5	5	4	
6	P1	区域	2	5	10	2	
6	P1	区域	2	5	10	3	
6	P1	亚洲	3	3	9	2	
6	P1	亚洲	4	2.8	11	0	
6	P1	亚洲	3	4	12	3	
6	P1	亚洲	2	3.5	7	2	ISO 9000
6	P2	本地	1	6	6	0	加急
6	P2	本地	2	6	12	3	
6	P2	本地	3	5.7	17	1	
6	P2	本地	3	6.7	20	3	
6	P2	本地	2	6	12	3	
6	P2	本地	4	6	24	4	
6	P2	本地	2	5.5	11	1	
6	P2	国际	2	6.5	13	2	
6	P2	国际	3	7	21	3	
6	P2	国际	2	7	14	2	
6	P2	国际	1	8	8	3	
6	P2	国际	1	8	8	4	
6	P2	国际	2	7	14	2	
6	P2	国内	1	6	6	0	加急
6	P2	国内	3	5.6	17	2	
6	P2	国内	2	5.5	11	1	
6	P2	国内	3	6	18	3	
6	P2	国内	1	6	6	2	
6	P2	国内	2	5.5	11	2	
6	P2	区域	1	5	5	0	
6	P2	区域	2	6.5	13	3	ISO 9000

续表

年　度	产　品	市　场	数　量	价　格	总　计	账　期	条　件
6	P2	区域	1	6	6	2	加急
6	P2	区域	2	5.5	11	3	
6	P2	亚洲	1	6	6	0	加急
6	P2	亚洲	2	5.5	11	4	
6	P2	亚洲	2	5.5	11	2	
6	P2	亚洲	3	6.7	20	3	ISO 14000
6	P2	亚洲	3	6.4	19	4	ISO 9000
6	P2	亚洲	1	5	5	0	
6	P3	本地	5	9	45	3	ISO 9000
6	P3	本地	2	9.5	19	2	加急
6	P3	本地	2	10	20	4	
6	P3	本地	3	8.3	25	2	
6	P3	本地	4	8.5	34	3	
6	P3	本地	3	9.6	29	3	ISO 9000
6	P3	国际	2	8	16	2	
6	P3	国际	2	8.5	17	3	
6	P3	国际	1	8	8	1	
6	P3	国内	3	9	27	2	加急
6	P3	国内	1	9	9	1	
6	P3	国内	4	8.5	34	3	
6	P3	国内	2	10	20	3	ISO 9000
6	P3	国内	3	9.3	28	3	
6	P3	区域	2	9	18	2	ISO 9000
6	P3	区域	2	8.5	17	1	ISO 9000
6	P3	区域	3	9.4	28	3	ISO 14000
6	P3	区域	3	9	27	3	ISO 14000
6	P3	亚洲	4	10	40	3	ISO 9000
6	P3	亚洲	3	9	27	3	
6	P3	亚洲	1	8	8	1	加急
6	P3	亚洲	2	11	22	2	ISO 14000
6	P3	亚洲	3	11	33	1	ISO 9000/ISO 14000

附录A

8组市场预测订单信息

续表

年 度	产 品	市 场	数 量	价 格	总 计	账 期	条 件
6	P3	亚洲	1	9	9	3	ISO 14000
6	P4	本地	2	8.5	17	3	加急
6	P4	本地	3	9	27	4	
6	P4	本地	2	9	18	2	
6	P4	本地	3	8.3	25	1	ISO 9000
6	P4	国内	2	8.5	17	2	
6	P4	国内	2	10	20	3	ISO 9000
6	P4	国内	2	9	18	4	
6	P4	区域	2	10.5	21	3	ISO 14000
6	P4	区域	3	9	27	3	
6	P4	区域	2	9.5	19	2	加急
6	P4	区域	2	10	20	3	加急
6	P4	亚洲	3	10	30	4	ISO 9000
6	P4	亚洲	2	10.5	21	3	ISO 9000
6	P4	亚洲	2	10.5	21	4	ISO 14000

附录 B 10 组市场预测订单信息

10 组的六年市场预测订单信息如附表 B-1 所示。

附表 B-1 10 组订单信息

年　度	产　品	市　场	数　量	价　格	总　计	账　期	条　件
1	P1	本地	3	5	15	3	
1	P1	本地	5	4.7	24	3	
1	P1	本地	3	5.2	16	3	
1	P1	本地	1	5	5	2	
1	P1	本地	1	5	5	0	
1	P1	本地	4	4.8	19	2	
1	P1	本地	6	5.3	32	4	
1	P1	本地	7	4.5	32	2	
1	P1	本地	2	5.3	11	4	
1	P1	本地	3	5	15	2	
2	P1	本地	2	5	10	4	
2	P1	本地	2	5.5	11	3	加急
2	P1	本地	4	4.5	18	2	
2	P1	本地	6	4.3	26	2	
2	P1	本地	4	4.4	18	2	
2	P1	本地	3	4.6	14	3	
2	P1	本地	3	5.3	16	4	
2	P1	本地	1	5	5	0	
2	P1	本地	2	5	10	3	
2	P1	本地	4	4.3	17	1	
2	P1	区域	3	4.5	14	3	
2	P1	区域	1	4.8	5	1	
2	P1	区域	2	5	10	4	
2	P1	区域	2	4.5	9	3	
2	P1	区域	3	4.3	13	2	
2	P2	本地	2	6.5	13	4	
2	P2	本地	2	5.5	11	3	
2	P2	本地	1	6	6	0	

附录B

10组市场预测订单信息

续表

年　度	产　品	市　场	数　量	价　格	总　计	账　期	条　件
2	P2	本地	2	7.5	15	3	加急
2	P2	本地	2	5.5	11	2	
2	P2	本地	3	6	18	3	
2	P2	区域	2	7	14	3	
2	P2	区域	3	6.7	20	3	
2	P2	区域	1	7	7	0	
2	P2	区域	2	7.5	15	1	加急
2	P2	区域	3	6	18	2	
2	P2	区域	1	8	8	4	
2	P2	区域	4	6.5	26	0	
2	P3	本地	2	7.5	15	2	
2	P3	本地	3	7.5	23	4	
2	P3	本地	2	7	14	1	
2	P3	本地	1	8	8	4	
3	P1	本地	2	5	10	0	
3	P1	本地	5	4.4	22	2	
3	P1	本地	4	4.7	19	1	加急
3	P1	本地	3	5.3	16	3	
3	P1	本地	4	5	20	1	
3	P1	本地	2	5.5	11	4	加急
3	P1	本地	5	4.4	22	4	
3	P1	本地	5	4.6	23	4	
3	P1	国内	1	5	5	0	
3	P1	国内	2	5.5	11	3	
3	P1	国内	4	4.8	19	3	加急
3	P1	国内	1	5	5	0	加急
3	P1	国内	3	5.3	16	4	
3	P1	国内	4	4.5	18	3	
3	P1	国内	2	5	10	4	
3	P1	国内	3	4.7	14	1	
3	P1	国内	3	4.9	15	2	
3	P1	区域	1	5	5	4	
3	P1	区域	2	4.5	9	3	

续表

年　度	产　品	市　场	数　量	价　格	总　计	账　期	条　件
3	P1	区域	2	4.5	9	2	
3	P1	区域	2	5	10	3	
3	P2	本地	1	9	9	0	
3	P2	本地	2	8	16	2	
3	P2	本地	3	8.6	26	3	
3	P2	本地	4	7.8	31	1	
3	P2	本地	3	8.7	26	3	加急
3	P2	本地	4	7.5	30	3	
3	P2	本地	3	8	24	2	
3	P2	本地	2	8.5	17	4	
3	P2	国内	3	8	24	4	
3	P2	国内	2	9	18	3	
3	P2	国内	4	7.5	30	3	
3	P2	国内	3	8	24	3	
3	P2	国内	2	8.5	17	1	
3	P2	国内	3	7.7	23	2	
3	P2	国内	1	9	9	0	加急
3	P2	区域	4	7.3	29	4	
3	P2	区域	2	8.5	17	2	
3	P2	区域	2	8	16	1	加急
3	P2	区域	1	8	8	3	
3	P2	区域	2	8	16	3	加急
3	P2	区域	1	8	8	2	
3	P2	区域	3	8.3	25	4	
3	P3	本地	2	7.5	15	3	
3	P3	本地	3	7.4	22	4	
3	P3	本地	1	7.8	8	2	
3	P3	本地	2	7	14	2	
3	P3	本地	2	7.5	15	4	
3	P3	国内	3	7.7	23	1	
3	P3	国内	2	8	16	3	
3	P3	国内	3	8	24	4	
3	P3	国内	2	8.5	17	4	

附录B
10组市场预测订单信息

续表

年 度	产 品	市 场	数 量	价 格	总 计	账 期	条 件
3	P3	区域	2	7.5	15	1	
3	P3	区域	1	8	8	3	
3	P3	区域	2	8	16	2	
3	P3	区域	2	8	16	3	
3	P3	区域	1	9	9	4	
4	P1	本地	2	5	10	4	加急
4	P1	本地	3	4.3	13	4	
4	P1	本地	2	4.5	9	2	
4	P1	本地	5	4.3	22	2	
4	P1	本地	3	4.4	13	2	
4	P1	本地	4	4.7	19	3	
4	P1	本地	2	4.5	9	0	
4	P1	本地	1	5	5	1	
4	P1	本地	2	4.5	9	2	
4	P1	本地	4	4.7	19	4	
4	P1	国内	1	4	4	0	
4	P1	国内	2	4.5	9	3	
4	P1	国内	4	4.3	17	4	加急
4	P1	国内	3	4.3	13	2	
4	P1	国内	2	4.5	9	3	
4	P1	国内	2	5	10	4	加急
4	P1	国内	2	4	8	3	
4	P1	国内	3	3.7	11	2	
4	P1	国内	3	4.4	13	2	
4	P1	区域	1	5	5	2	
4	P1	区域	1	5	5	4	
4	P1	区域	2	4.5	9	2	
4	P1	区域	2	5	10	4	
4	P1	亚洲	4	4.5	18	3	ISO 9000
4	P1	亚洲	3	3.3	10	0	
4	P1	亚洲	4	3.8	15	2	加急
4	P1	亚洲	2	4	8	4	
4	P1	亚洲	2	4	8	3	

续表

年度	产品	市场	数量	价格	总计	账期	条件
4	P1	亚洲	2	3.5	7	1	
4	P1	亚洲	4	4	16	2	
4	P1	亚洲	1	5	5	1	
4	P1	亚洲	2	5	10	4	ISO 9000
4	P2	本地	4	8.5	34	3	
4	P2	本地	2	8.5	17	2	
4	P2	本地	3	8.7	26	3	
4	P2	本地	2	9	18	0	加急
4	P2	本地	2	8.5	17	3	
4	P2	本地	3	9	27	2	
4	P2	本地	3	9.4	28	2	加急
4	P2	本地	2	9	18	4	
4	P2	本地	3	9	27	3	
4	P2	国内	4	8.3	33	2	
4	P2	国内	3	8	24	3	
4	P2	国内	4	8.5	34	3	
4	P2	国内	2	9	18	2	
4	P2	国内	2	7	14	1	
4	P2	国内	3	7	21	0	
4	P2	国内	2	8.5	17	4	
4	P2	区域	3	7.4	22	2	
4	P2	区域	2	7.1	14	1	加急
4	P2	区域	2	7.5	15	4	ISO 9000
4	P2	区域	1	7	7	0	
4	P2	区域	3	7.3	22	2	
4	P2	区域	4	7.5	30	3	ISO 9000
4	P2	亚洲	1	6	6	0	加急
4	P2	亚洲	3	7.3	22	2	
4	P2	亚洲	4	6.7	27	4	
4	P2	亚洲	3	6.6	20	3	
4	P2	亚洲	4	5.5	22	2	
4	P2	亚洲	2	7	14	1	
4	P2	亚洲	4	7	28	3	ISO 9000

附录B
10组市场预测订单信息

续表

年 度	产 品	市 场	数 量	价 格	总 计	账 期	条 件
4	P3	本地	2	7.5	15	2	
4	P3	本地	3	9	27	3	ISO 9000
4	P3	本地	1	8	8	1	
4	P3	本地	3	8.3	25	3	
4	P3	本地	2	8.5	17	2	
4	P3	国内	1	9	9	2	加急
4	P3	国内	2	7	14	2	
4	P3	国内	2	8.5	17	3	加急
4	P3	国内	1	8	8	0	
4	P3	区域	3	7.6	23	2	
4	P3	区域	1	8	8	3	
4	P3	区域	2	7.6	15	2	
4	P3	区域	3	8.3	25	2	
4	P3	区域	2	8.5	17	4	
4	P3	亚洲	4	8	32	0	
4	P3	亚洲	2	8.5	17	2	
4	P3	亚洲	2	10	20	2	ISO 9000
4	P3	亚洲	3	8	24	3	
4	P3	亚洲	2	10	20	2	加急
4	P4	区域	4	8	32	2	
4	P4	区域	3	8.3	25	1	
5	P1	本地	4	4.3	17	2	
5	P1	本地	3	3.3	10	0	
5	P1	本地	2	4.5	9	4	
5	P1	本地	2	4	8	2	
5	P1	本地	3	3.3	10	2	
5	P1	本地	2	5	10	4	加急
5	P1	本地	2	4	8	1	
5	P1	国际	2	6.5	13	2	
5	P1	国际	2	6	12	4	加急
5	P1	国际	6	5	30	3	
5	P1	国际	4	5.5	22	4	
5	P1	国际	3	6	18	3	

续表

年度	产品	市场	数量	价格	总计	账期	条件
5	P1	国际	2	6	12	1	
5	P1	国际	1	5	5	0	
5	P1	国际	3	5.3	16	1	
5	P1	国际	5	5.6	28	3	
5	P1	国际	2	5	10	0	
5	P1	国内	4	4	16	4	
5	P1	国内	3	3.7	11	1	
5	P1	国内	4	3.5	14	3	
5	P1	国内	3	4.3	13	2	
5	P1	国内	2	4.5	9	3	加急
5	P1	区域	1	5	5	2	加急
5	P1	区域	1	5	5	4	
5	P1	区域	2	5	10	3	
5	P1	区域	1	5	5	2	加急
5	P1	区域	1	5	5	4	
5	P1	亚洲	3	3.3	10	3	
5	P1	亚洲	1	4	4	4	
5	P1	亚洲	2	3.5	7	1	
5	P1	亚洲	3	3.3	10	2	
5	P1	亚洲	4	3.7	15	4	加急
5	P1	亚洲	2	3.5	7	3	
5	P1	亚洲	2	4.5	9	2	ISO 9000
5	P2	本地	4	8.3	33	2	
5	P2	本地	4	8.3	33	3	
5	P2	本地	3	8.6	26	3	
5	P2	本地	3	8	24	2	
5	P2	本地	2	9	18	4	
5	P2	本地	2	8.5	17	2	
5	P2	本地	3	8.6	26	3	
5	P2	本地	2	9	18	1	加急
5	P2	本地	1	8	8	0	
5	P2	国际	1	7	7	0	加急
5	P2	国际	2	6.5	13	2	

附录B
10组市场预测订单信息

续表

年 度	产 品	市 场	数 量	价 格	总 计	账 期	条 件
5	P2	国际	3	7	21	3	
5	P2	国际	2	7	14	4	
5	P2	国内	1	8	8	4	
5	P2	国内	2	7.5	15	3	
5	P2	国内	4	6.2	25	2	
5	P2	国内	3	7	21	1	
5	P2	国内	2	8	16	4	
5	P2	国内	3	8	24	3	加急
5	P2	国内	3	7.3	22	1	
5	P2	区域	2	7.5	15	3	ISO 9000
5	P2	区域	3	5.7	17	2	
5	P2	区域	2	6	12	1	加急
5	P2	区域	4	6.5	26	3	ISO 14000
5	P2	区域	3	6.3	19	2	
5	P2	亚洲	1	5	5	0	
5	P2	亚洲	2	7	14	3	ISO 9000
5	P2	亚洲	3	7	21	3	ISO 14000
5	P2	亚洲	3	6	18	2	
5	P2	亚洲	2	6.5	13	1	
5	P2	亚洲	4	6	24	2	
5	P2	亚洲	2	7	14	2	加急
5	P2	亚洲	2	6.5	13	4	
5	P3	本地	4	7.5	30	3	
5	P3	本地	3	9.7	29	3	
5	P3	本地	1	8	8	0	
5	P3	本地	2	8	16	2	
5	P3	本地	4	8.5	34	3	加急
5	P3	本地	3	8.3	25	1	
5	P3	国内	2	8.5	17	4	
5	P3	国内	1	8	8	2	
5	P3	国内	2	7	14	2	
5	P3	国内	3	9	27	4	ISO 9000
5	P3	国内	2	7.5	15	3	

续表

年　度	产　品	市　场	数　量	价　格	总　计	账　期	条　件
5	P3	国内	2	7.5	15	1	
5	P3	国内	1	9	9	2	ISO 14000
5	P3	区域	2	8.5	17	2	
5	P3	区域	1	10	10	3	ISO 14000
5	P3	区域	2	8	16	3	
5	P3	区域	3	9.3	28	4	ISO 9000
5	P3	区域	1	8	8	1	
5	P3	区域	1	10	10	4	加急
5	P3	区域	2	9.5	19	3	ISO 9000
5	P3	亚洲	4	9	36	3	ISO 14000
5	P3	亚洲	2	8	16	1	
5	P3	亚洲	3	8.7	26	2	
5	P3	亚洲	3	10	30	3	ISO 9000
5	P3	亚洲	2	8.5	17	2	
5	P4	本地	2	8	16	2	
5	P4	本地	1	9	9	2	
5	P4	本地	2	9.5	19	3	
5	P4	本地	1	9	9	1	
5	P4	本地	2	8.5	17	3	
5	P4	国内	2	8.5	17	4	
5	P4	国内	2	8.5	17	3	
5	P4	国内	1	8	8	1	
5	P4	区域	1	9	9	4	ISO 14000/ISO 9000
5	P4	区域	2	8.5	17	4	ISO 14000
5	P4	区域	2	9.5	19	3	ISO 14000/ISO 9000
5	P4	区域	3	8.3	25	2	ISO 9000
5	P4	亚洲	1	9	9	4	
5	P4	亚洲	1	10	10	4	ISO 9000
5	P4	亚洲	2	9.5	19	3	ISO 9000
5	P4	亚洲	2	9.5	19	2	ISO 14000
6	P1	本地	3	3.4	10	2	
6	P1	本地	2	3.5	7	3	
6	P1	本地	3	4	12	4	

附录B
10组市场预测订单信息

续表

年 度	产 品	市 场	数 量	价 格	总 计	账 期	条 件
6	P1	本地	2	4	8	2	加急
6	P1	本地	3	3.7	11	3	
6	P1	国际	2	5.5	11	1	
6	P1	国际	2	5.5	11	1	
6	P1	国际	3	6.3	19	4	
6	P1	国际	3	6	18	3	
6	P1	国际	2	6.5	13	4	
6	P1	国际	4	6	24	3	
6	P1	国际	1	6	6	2	
6	P1	国际	3	5.4	16	2	
6	P1	国际	1	6	6	3	
6	P1	国际	4	5.5	22	2	
6	P1	国内	2	3.5	7	1	
6	P1	国内	3	4	12	3	ISO 9000
6	P1	国内	2	3.5	7	2	
6	P1	国内	3	3.6	11	3	
6	P1	国内	1	4	4	2	加急
6	P1	区域	1	5	5	2	
6	P1	区域	1	5	5	4	
6	P1	区域	2	5	10	2	
6	P1	区域	2	5	10	3	
6	P1	亚洲	2	4	8	3	ISO 14000
6	P1	亚洲	3	3	9	2	
6	P1	亚洲	4	2.8	11	0	
6	P1	亚洲	3	4	12	3	
6	P1	亚洲	2	3.5	7	2	ISO 9000
6	P2	本地	1	6	6	0	加急
6	P2	本地	2	6	12	3	
6	P2	本地	3	5.7	17	1	
6	P2	本地	1	6	6	0	
6	P2	本地	2	6.5	13	4	
6	P2	本地	3	6.7	20	3	
6	P2	本地	2	6	12	3	

续表

年度	产品	市场	数量	价格	总计	账期	条件
6	P2	本地	4	6	24	4	
6	P2	本地	2	5.5	11	1	
6	P2	国际	3	6.8	20	0	
6	P2	国际	2	6.5	13	2	
6	P2	国际	3	7	21	3	
6	P2	国际	2	7	14	2	
6	P2	国际	1	8	8	3	
6	P2	国际	1	8	8	4	
6	P2	国际	2	7	14	2	
6	P2	国内	1	6	6	2	
6	P2	国内	2	5.5	11	2	
6	P2	国内	4	5	20	3	
6	P2	国内	1	6	6	0	加急
6	P2	国内	3	5.6	17	2	
6	P2	国内	2	5.5	11	1	
6	P2	国内	3	6	18	3	
6	P2	区域	2	6	12	2	ISO 9000
6	P2	区域	1	5	5	0	
6	P2	区域	2	6.5	13	3	ISO 9000
6	P2	区域	1	6	6	2	加急
6	P2	区域	2	5.5	11	3	
6	P2	亚洲	1	6	6	0	加急
6	P2	亚洲	2	5.5	11	4	
6	P2	亚洲	3	7	21	3	ISO 9000/ISO 14000
6	P2	亚洲	2	5.5	11	2	
6	P2	亚洲	3	6.7	20	3	ISO 14000
6	P2	亚洲	3	6.4	19	4	ISO 9000
6	P2	亚洲	1	5	5	0	
6	P3	本地	5	9	45	3	ISO 9000
6	P3	本地	2	9.5	19	2	加急
6	P3	本地	2	10	20	4	
6	P3	本地	3	8.3	25	2	
6	P3	本地	4	8.5	34	3	

附录B
10组市场预测订单信息

续表

年 度	产 品	市 场	数 量	价 格	总 计	账 期	条 件
6	P3	本地	3	9	27	4	ISO 9000
6	P3	本地	2	8	16	0	
6	P3	本地	3	9.6	29	3	ISO 9000
6	P3	国际	2	8.5	17	2	
6	P3	国际	2	8	16	2	
6	P3	国际	2	8.5	17	3	
6	P3	国际	1	8	8	1	
6	P3	国内	1	10	10	3	加急
6	P3	国内	3	8.7	26	0	
6	P3	国内	3	9	27	2	加急
6	P3	国内	1	9	9	1	
6	P3	国内	4	8.5	34	3	
6	P3	国内	2	10	20	3	ISO 9000
6	P3	国内	3	9.3	28	3	
6	P3	区域	2	8.5	17	1	ISO 14000
6	P3	区域	2	9	18	2	ISO 9000
6	P3	区域	2	8.5	17	1	ISO 9000
6	P3	区域	3	9.4	28	3	ISO 14000
6	P3	区域	3	9	27	3	ISO 14000
6	P3	亚洲	4	8.5	34	2	
6	P3	亚洲	4	10	40	3	ISO 9000
6	P3	亚洲	3	9	27	3	
6	P3	亚洲	1	8	8	1	加急
6	P3	亚洲	2	11	22	2	ISO 14000
6	P3	亚洲	3	11	33	1	ISO 9000/ISO 14000
6	P3	亚洲	1	9	9	3	ISO 14000
6	P4	本地	2	8.5	17	3	加急
6	P4	本地	3	9	27	4	
6	P4	本地	2	9	18	2	
6	P4	本地	3	8.3	25	1	ISO 9000
6	P4	本地	2	9.5	19	4	
6	P4	国内	1	8	8	1	
6	P4	国内	2	8.5	17	2	

续表

年度	产品	市场	数量	价格	总计	账期	条件
6	P4	国内	2	10	20	3	ISO 9000
6	P4	国内	2	9	18	4	
6	P4	区域	2	9.5	19	2	
6	P4	区域	2	10.5	21	3	ISO 14000
6	P4	区域	3	9	27	3	
6	P4	区域	2	9.5	19	2	加急
6	P4	区域	2	10	20	3	加急
6	P4	亚洲	3	10	30	2	
6	P4	亚洲	3	10	30	4	ISO 9000
6	P4	亚洲	2	10.5	21	3	ISO 9000
6	P4	亚洲	2	10.5	21	4	ISO 14000

附录 C 12组市场预测订单信息

12组的六年市场预测订单信息如附表C-1所示。

附表C-1 12组订单信息

年　度	产　品	市　场	数　量	价　格	总　计	账　期	条　件
1	P1	本地	3	5	15	3	
1	P1	本地	5	4.7	24	3	
1	P1	本地	3	5.2	16	3	
1	P1	本地	1	5	5	2	
1	P1	本地	1	5	5	0	
1	P1	本地	4	4.8	19	2	
1	P1	本地	6	5.3	32	4	
1	P1	本地	2	5.5	11	2	
1	P1	本地	5	4.6	23	1	
1	P1	本地	7	4.5	32	2	
1	P1	本地	2	5.3	11	4	
1	P1	本地	3	5	15	2	
2	P1	本地	2	5	10	4	
2	P1	本地	2	5.5	11	3	加急
2	P1	本地	4	4.5	18	2	
2	P1	本地	3	5	15	4	
2	P1	本地	5	4.6	23	3	
2	P1	本地	6	4.3	26	2	
2	P1	本地	4	4.4	18	2	
2	P1	本地	3	4.6	14	3	
2	P1	本地	3	5.3	16	4	
2	P1	本地	1	5	5	0	
2	P1	本地	2	5	10	3	
2	P1	本地	4	4.3	17	1	
2	P1	区域	2	4	8	4	
2	P1	区域	3	4.5	14	3	
2	P1	区域	1	4.8	5	1	
2	P1	区域	2	5	10	4	

续表

年度	产品	市场	数量	价格	总计	账期	条件
2	P1	区域	2	4.5	9	3	
2	P1	区域	3	4.3	13	2	
2	P2	本地	2	6.5	13	4	
2	P2	本地	2	5.5	11	3	
2	P2	本地	1	6	6	0	
2	P2	本地	2	5.5	11	1	
2	P2	本地	2	7.5	15	3	加急
2	P2	本地	2	5.5	11	2	
2	P2	本地	3	6	18	3	
2	P2	区域	2	7.5	15	2	
2	P2	区域	2	7	14	3	
2	P2	区域	3	6.7	20	3	
2	P2	区域	1	7	7	0	
2	P2	区域	2	7.5	15	1	加急
2	P2	区域	3	6	18	2	
2	P2	区域	1	8	8	4	
2	P2	区域	4	6.5	26	0	
2	P3	本地	2	7.5	15	2	
2	P3	本地	3	7.5	23	4	
2	P3	本地	2	7	14	1	
2	P3	本地	1	8	8	4	
2	P3	本地	2	7.5	15	3	
3	P1	本地	2	5	10	0	
3	P1	本地	5	4.4	22	2	
3	P1	本地	4	4.7	19	1	加急
3	P1	本地	3	5.3	16	3	
3	P1	本地	4	5	20	1	
3	P1	本地	2	5.5	11	4	加急
3	P1	本地	5	4.4	22	4	
3	P1	本地	4	5.3	21	3	
3	P1	本地	3	4.7	14	2	
3	P1	本地	5	4.6	23	4	
3	P1	国内	1	5	5	0	

附录C
12组市场预测订单信息

续表

年 度	产 品	市 场	数 量	价 格	总 计	账 期	条 件
3	P1	国内	2	5.5	11	3	
3	P1	国内	4	4.8	19	3	加急
3	P1	国内	1	5	5	0	加急
3	P1	国内	3	5.3	16	4	
3	P1	国内	3	4.7	14	2	
3	P1	国内	4	4.5	18	3	
3	P1	国内	2	5	10	4	
3	P1	国内	3	4.7	14	1	
3	P1	国内	3	4.9	15	2	
3	P1	区域	1	5	5	4	
3	P1	区域	1	5	5	1	加急
3	P1	区域	2	4.5	9	3	
3	P1	区域	2	4.5	9	2	
3	P1	区域	2	5	10	3	
3	P2	本地	1	9	9	0	
3	P2	本地	2	8	16	2	
3	P2	本地	3	8.6	26	3	
3	P2	本地	4	7.8	31	1	
3	P2	本地	3	8.3	25	4	
3	P2	本地	1	9	9	0	加急
3	P2	本地	3	8.7	26	3	加急
3	P2	本地	4	7.5	30	3	
3	P2	本地	3	8	24	2	
3	P2	本地	2	8.5	17	4	
3	P2	国内	3	8	24	4	
3	P2	国内	1	8	8	1	
3	P2	国内	3	9	27	2	ISO 9000
3	P2	国内	2	9	18	3	
3	P2	国内	4	7.5	30	3	
3	P2	国内	3	8	24	3	
3	P2	国内	2	8.5	17	1	
3	P2	国内	3	7.7	23	2	
3	P2	国内	1	9	9	0	加急

续表

年　度	产　品	市　场	数　量	价　格	总　计	账　期	条　件
3	P2	区域	4	7.3	29	4	
3	P2	区域	2	8.5	17	2	
3	P2	区域	2	8	16	1	加急
3	P2	区域	1	8	8	3	
3	P2	区域	2	8	16	3	加急
3	P2	区域	1	8	8	2	
3	P2	区域	3	7.7	23	1	
3	P2	区域	3	8.3	25	4	
3	P3	本地	2	7.5	15	3	
3	P3	本地	3	7.4	22	4	
3	P3	本地	1	7.8	8	2	
3	P3	本地	2	7	14	2	
3	P3	本地	2	7.5	15	4	
3	P3	本地	3	7	21	3	
3	P3	国内	3	7.7	23	1	
3	P3	国内	1	8	8	2	
3	P3	国内	2	8	16	3	
3	P3	国内	3	8	24	4	
3	P3	国内	2	8.5	17	4	
3	P3	区域	2	7.5	15	1	
3	P3	区域	1	8	8	3	
3	P3	区域	1	8	8	3	
3	P3	区域	2	8	16	2	
3	P3	区域	2	8	16	3	
3	P3	区域	1	9	9	4	
4	P1	本地	2	5	10	4	加急
4	P1	本地	3	4.3	13	4	
4	P1	本地	2	4.5	9	2	
4	P1	本地	5	4.4	22	3	加急
4	P1	本地	5	4.3	22	2	
4	P1	本地	1	5	5	0	
4	P1	本地	3	4.4	13	2	
4	P1	本地	4	4.7	19	3	

附录C

12组市场预测订单信息

续表

年 度	产品	市 场	数 量	价 格	总 计	账 期	条 件
4	P1	本地	2	4.5	9	0	
4	P1	本地	1	5	5	1	
4	P1	本地	2	4.5	9	2	
4	P1	本地	4	4.7	19	4	
4	P1	国内	1	4	4	0	
4	P1	国内	2	4.5	9	3	
4	P1	国内	4	4.3	17	4	加急
4	P1	国内	3	4.3	13	2	
4	P1	国内	2	4.5	9	3	
4	P1	国内	4	4	16	1	
4	P1	国内	2	5	10	4	加急
4	P1	国内	2	4	8	3	
4	P1	国内	3	3.7	11	2	
4	P1	国内	3	4.4	13	2	
4	P1	区域	1	5	5	2	
4	P1	区域	2	4.5	9	0	
4	P1	区域	1	5	5	4	
4	P1	区域	2	4.5	9	2	
4	P1	区域	2	5	10	4	
4	P1	亚洲	4	4.5	18	3	ISO 9000
4	P1	亚洲	3	3.3	10	0	
4	P1	亚洲	4	3.8	15	2	加急
4	P1	亚洲	2	4	8	4	
4	P1	亚洲	2	4	8	3	
4	P1	亚洲	2	3.5	7	1	
4	P1	亚洲	4	4	16	2	
4	P1	亚洲	1	5	5	1	
4	P1	亚洲	3	5	15	3	加急/ISO 9000
4	P1	亚洲	2	4.5	9	2	
4	P1	亚洲	2	5	10	4	ISO 9000
4	P2	本地	4	8.5	34	3	
4	P2	本地	2	8.5	17	2	
4	P2	本地	3	8.7	26	3	

续表

年 度	产 品	市 场	数 量	价 格	总 计	账 期	条 件
4	P2	本地	2	9	18	0	加急
4	P2	本地	2	8.5	17	3	
4	P2	本地	3	9	27	2	
4	P2	本地	4	8.5	34	4	
4	P2	本地	3	9.4	28	2	加急
4	P2	本地	2	9	18	4	
4	P2	本地	3	9	27	3	
4	P2	国内	4	8.3	33	2	
4	P2	国内	3	8	24	3	
4	P2	国内	3	8	24	3	
4	P2	国内	4	8.5	34	3	
4	P2	国内	2	9	18	2	
4	P2	国内	2	7	14	1	
4	P2	国内	3	7	21	0	
4	P2	国内	2	8.5	17	4	
4	P2	区域	3	7.4	22	2	
4	P2	区域	2	7.1	14	1	加急
4	P2	区域	2	7.5	15	4	ISO 9000
4	P2	区域	1	7	7	0	
4	P2	区域	3	7.7	23	3	加急
4	P2	区域	3	7.3	22	2	
4	P2	区域	4	7.5	30	3	ISO 9000
4	P2	亚洲	1	6	6	0	加急
4	P2	亚洲	3	7.3	22	2	
4	P2	亚洲	3	6	18	3	
4	P2	亚洲	2	6.5	13	4	
4	P2	亚洲	4	6.7	27	4	
4	P2	亚洲	3	6.6	20	3	
4	P2	亚洲	4	5.5	22	2	
4	P2	亚洲	2	7	14	1	
4	P2	亚洲	4	7	28	3	ISO 9000
4	P3	本地	2	7.5	15	2	
4	P3	本地	3	9	27	3	ISO 9000

附录C
12组市场预测订单信息

续表

年 度	产 品	市 场	数 量	价 格	总 计	账 期	条 件
4	P3	本地	1	8	8	1	
4	P3	本地	3	8.3	25	3	
4	P3	本地	2	8.5	17	2	
4	P3	本地	1	9	9	0	加急
4	P3	国内	1	9	9	2	加急
4	P3	国内	2	8.5	17	4	
4	P3	国内	2	7	14	2	
4	P3	国内	2	8.5	17	3	加急
4	P3	国内	1	8	8	0	
4	P3	区域	3	7.6	23	2	
4	P3	区域	2	8	16	3	
4	P3	区域	1	8	8	3	
4	P3	区域	2	7.6	15	2	
4	P3	区域	3	8.3	25	2	
4	P3	区域	2	8.5	17	4	
4	P3	亚洲	4	8	32	0	
4	P3	亚洲	1	9	9	4	
4	P3	亚洲	2	8.5	17	2	
4	P3	亚洲	2	10	20	2	ISO 9000
4	P3	亚洲	3	8	24	3	
4	P3	亚洲	2	10	20	2	加急
4	P4	区域	1	9	9	4	
4	P4	区域	4	8	32	2	
4	P4	区域	3	8.3	25	1	
5	P1	本地	4	4.3	17	3	
5	P1	本地	3	3.3	10	0	
5	P1	本地	2	4.5	9	4	
5	P1	本地	2	4	8	2	
5	P1	本地	3	3.3	10	2	
5	P1	本地	4	3.5	14	1	
5	P1	本地	2	5	10	4	加急
5	P1	本地	2	4	8	1	
5	P1	国际	2	6.5	13	2	

续表

年　度	产品	市　场	数　量	价　格	总　计	账　期	条　件
5	P1	国际	1	6	6	2	
5	P1	国际	2	6	12	4	加急
5	P1	国际	6	5	30	3	
5	P1	国际	4	5.5	22	4	
5	P1	国际	3	6	18	3	
5	P1	国际	2	6	12	1	
5	P1	国际	1	5	5	0	
5	P1	国际	3	5.3	16	1	
5	P1	国际	5	5.6	28	3	
5	P1	国际	2	5	10	0	
5	P1	国际	5	5.4	27	2	
5	P1	国内	4	4	16	4	
5	P1	国内	2	4.5	9	3	加急
5	P1	国内	3	3.7	11	1	
5	P1	国内	4	3.5	14	3	
5	P1	国内	3	4.3	13	2	
5	P1	国内	2	4.5	9	3	加急
5	P1	区域	1	5	5	2	加急
5	P1	区域	2	4.5	9	1	
5	P1	区域	1	5	5	4	
5	P1	区域	2	5	10	3	
5	P1	区域	1	5	5	2	加急
5	P1	区域	1	5	5	4	
5	P1	亚洲	3	3.3	10	3	
5	P1	亚洲	5	4	20	2	ISO 9000
5	P1	亚洲	1	4	4	4	
5	P1	亚洲	2	3.5	7	1	
5	P1	亚洲	3	3.3	10	2	
5	P1	亚洲	4	3.7	15	4	加急
5	P1	亚洲	2	3.5	7	3	
5	P1	亚洲	2	4.5	9	2	ISO 9000
5	P2	本地	4	8.3	33	2	
5	P2	本地	4	8.5	34	4	

附录C

12组市场预测订单信息

续表

年　度	产　品	市　场	数　量	价　格	总　计	账　期	条　件
5	P2	本地	4	8.3	33	3	
5	P2	本地	3	8.6	26	3	
5	P2	本地	3	8	24	2	
5	P2	本地	2	9	18	4	
5	P2	本地	2	8.5	17	2	
5	P2	本地	3	8.6	26	3	
5	P2	本地	2	9	18	1	加急
5	P2	本地	1	8	8	0	
5	P2	国际	1	7	7	0	加急
5	P2	国际	2	6.5	13	3	
5	P2	国际	2	6.5	13	2	
5	P2	国际	3	7	21	3	
5	P2	国际	2	7	14	4	
5	P2	国内	1	8	8	4	
5	P2	国内	4	7.5	30	2	
5	P2	国内	2	7.5	15	3	
5	P2	国内	4	6.2	25	2	
5	P2	国内	3	7	21	1	
5	P2	国内	2	8	16	4	
5	P2	国内	3	8	24	3	加急
5	P2	国内	3	7.3	22	1	
5	P2	区域	2	7.5	15	3	ISO 9000
5	P2	区域	3	5.7	17	2	
5	P2	区域	2	6	12	1	加急
5	P2	区域	4	6.5	26	3	ISO 14000
5	P2	区域	1	8	8	4	
5	P2	区域	3	6.3	19	2	
5	P2	亚洲	1	6	6	0	ISO 9000
5	P2	亚洲	1	5	5	0	
5	P2	亚洲	2	7	14	3	ISO 9000
5	P2	亚洲	3	7	21	3	ISO 14000
5	P2	亚洲	3	6	18	2	
5	P2	亚洲	2	6.5	13	1	

续表

年 度	产 品	市 场	数 量	价 格	总 计	账 期	条 件
5	P2	亚洲	4	6	24	2	
5	P2	亚洲	2	7	14	2	加急
5	P2	亚洲	2	6.5	13	4	
5	P2	亚洲	3	7	21	3	ISO 9000/ISO 14000
5	P3	本地	4	7.5	30	3	
5	P3	本地	3	9.7	29	3	
5	P3	本地	1	8	8	0	
5	P3	本地	2	8	16	2	
5	P3	本地	4	8.5	34	3	加急
5	P3	本地	3	8.3	25	1	
5	P3	本地	2	8	16	2	
5	P3	本地	1	9	9	4	
5	P3	国内	2	8.5	17	4	
5	P3	国内	3	7.7	23	3	
5	P3	国内	1	8	8	2	
5	P3	国内	2	7	14	2	
5	P3	国内	3	9	27	4	ISO 9000
5	P3	国内	2	7.5	15	3	
5	P3	国内	2	7.5	15	1	
5	P3	国内	1	9	9	2	ISO 14000
5	P3	区域	2	8.5	17	2	
5	P3	区域	2	9	18	4	ISO 9000
5	P3	区域	1	10	10	3	ISO 14000
5	P3	区域	2	8	16	3	
5	P3	区域	3	9.3	28	4	ISO 9000
5	P3	区域	1	8	8	1	
5	P3	区域	1	10	10	4	加急
5	P3	区域	2	9.5	19	3	ISO 9000
5	P3	亚洲	4	9	36	3	ISO 14000
5	P3	亚洲	2	10	20	4	加急
5	P3	亚洲	2	8	16	1	
5	P3	亚洲	3	8.7	26	2	
5	P3	亚洲	3	10	30	3	ISO 9000

附录C

12组市场预测订单信息

续表

年 度	产 品	市 场	数 量	价 格	总 计	账 期	条 件
5	P3	亚洲	2	8.5	17	2	
5	P4	本地	2	8	16	2	
5	P4	本地	1	9	9	2	
5	P4	本地	2	9.5	19	3	
5	P4	本地	1	9	9	1	
5	P4	本地	2	8.5	17	3	
5	P4	本地	2	8.5	17	2	
5	P4	国内	2	8.5	17	4	
5	P4	国内	2	8.5	17	3	
5	P4	国内	1	8	8	1	
5	P4	区域	1	9	9	4	ISO 14000/ISO 9000
5	P4	区域	2	8.5	17	4	ISO 14000
5	P4	区域	2	9.5	19	3	ISO 14000/ISO 9000
5	P4	区域	3	8.3	25	2	ISO 9000
5	P4	亚洲	1	9	9	4	
5	P4	亚洲	1	10	10	1	ISO 9000/ISO 14000
5	P4	亚洲	1	10	10	4	ISO 9000
5	P4	亚洲	2	9.5	19	3	ISO 9000
5	P4	亚洲	2	9.5	19	2	ISO 14000
6	P1	本地	3	3.4	10	2	
6	P1	本地	2	3.5	7	3	
6	P1	本地	3	4	12	4	
6	P1	本地	3	3.3	10	1	
6	P1	本地	2	4	8	2	加急
6	P1	本地	3	3.7	11	3	
6	P1	国际	2	5.5	11	1	
6	P1	国际	2	6	12	2	
6	P1	国际	2	5.5	11	1	
6	P1	国际	3	6.3	19	4	
6	P1	国际	3	6	18	3	
6	P1	国际	2	6.5	13	4	
6	P1	国际	4	6	24	3	
6	P1	国际	1	6	6	2	

续表

年度	产品	市场	数量	价格	总计	账期	条件
6	P1	国际	3	5.4	16	2	
6	P1	国际	1	6	6	3	
6	P1	国际	4	5.5	22	2	
6	P1	国际	3	6.3	19	4	
6	P1	国内	2	3.5	7	1	
6	P1	国内	2	3.5	7	4	
6	P1	国内	3	4	12	3	ISO 9000
6	P1	国内	2	3.5	7	2	
6	P1	国内	3	3.6	11	3	
6	P1	国内	1	4	4	2	加急
6	P1	区域	1	5	5	2	
6	P1	区域	2	4.5	9	0	
6	P1	区域	1	5	5	4	
6	P1	区域	2	5	10	2	
6	P1	区域	2	5	10	3	
6	P1	亚洲	2	4	8	3	ISO 14000
6	P1	亚洲	1	4	4	1	加急
6	P1	亚洲	3	3.3	10	4	
6	P1	亚洲	3	3	9	2	
6	P1	亚洲	4	2.8	11	0	
6	P1	亚洲	3	4	12	3	
6	P1	亚洲	2	3.5	7	2	ISO 9000
6	P2	本地	1	6	6	0	加急
6	P2	本地	2	6	12	3	
6	P2	本地	3	5.7	17	1	
6	P2	本地	1	6	6	0	
6	P2	本地	2	6.5	13	4	
6	P2	本地	4	5.5	22	2	
6	P2	本地	3	6.7	20	3	
6	P2	本地	2	6	12	3	
6	P2	本地	4	6	24	4	
6	P2	本地	2	5.5	11	1	
6	P2	国际	3	6.8	20	0	

附录C

12组市场预测订单信息

续表

年 度	产 品	市 场	数 量	价 格	总 计	账 期	条 件
6	P2	国际	2	7.5	15	3	
6	P2	国际	2	6.5	13	2	
6	P2	国际	3	7	21	3	
6	P2	国际	2	7	14	2	
6	P2	国际	1	8	8	3	
6	P2	国际	1	8	8	4	
6	P2	国际	2	7	14	2	
6	P2	国内	3	6	18	4	
6	P2	国内	1	6	6	0	加急
6	P2	国内	3	5.6	17	2	
6	P2	国内	2	5.5	11	1	
6	P2	国内	3	6	18	3	
6	P2	国内	1	6	6	2	
6	P2	国内	2	5.5	11	2	
6	P2	国内	4	5	20	3	
6	P2	区域	2	6	12	2	ISO 9000
6	P2	区域	2	5.5	11	3	加急
6	P2	区域	1	5	5	0	
6	P2	区域	2	6.5	13	3	ISO 9000
6	P2	区域	1	6	6	2	加急
6	P2	区域	2	5.5	11	3	
6	P2	亚洲	1	6	6	0	加急
6	P2	亚洲	2	5.5	11	4	
6	P2	亚洲	3	7	21	3	ISO 9000/ISO 14000
6	P2	亚洲	3	5.7	17	1	
6	P2	亚洲	2	5.5	11	2	
6	P2	亚洲	3	6.7	20	3	ISO 14000
6	P2	亚洲	3	6.4	19	4	ISO 9000
6	P2	亚洲	1	5	5	0	
6	P3	本地	5	9	45	3	ISO 9000
6	P3	本地	2	9.5	19	2	加急
6	P3	本地	2	10	20	4	
6	P3	本地	3	8.3	25	2	

续表

年 度	产 品	市 场	数 量	价 格	总 计	账 期	条 件
6	P3	本地	4	8.5	34	3	
6	P3	本地	3	9	27	4	ISO 9000
6	P3	本地	2	8	16	0	
6	P3	本地	4	9	36	3	
6	P3	本地	2	10	20	2	加急/ISO 9000
6	P3	本地	3	9.6	29	3	ISO 9000
6	P3	国际	2	8.5	17	2	
6	P3	国际	1	8	8	3	
6	P3	国际	2	8	16	2	
6	P3	国际	2	8.5	17	3	
6	P3	国际	1	8	8	1	
6	P3	国内	1	10	10	3	加急
6	P3	国内	3	8.7	26	0	
6	P3	国内	3	9	27	2	ISO 9000
6	P3	国内	3	9	27	2	加急
6	P3	国内	1	9	9	1	
6	P3	国内	4	8.5	34	3	
6	P3	国内	2	10	20	3	ISO 9000
6	P3	国内	3	9.3	28	3	
6	P3	区域	2	8.5	17	1	ISO 14000
6	P3	区域	2	9.5	19	4	ISO 14000/ISO 9000
6	P3	区域	2	9	18	2	ISO 9000
6	P3	区域	2	8.5	17	1	ISO 9000
6	P3	区域	3	9.4	28	3	ISO 14000
6	P3	区域	3	9	27	3	ISO 14000
6	P3	亚洲	4	8.5	34	2	
6	P3	亚洲	2	10	20	4	ISO 9000
6	P3	亚洲	4	10	40	3	ISO 9000
6	P3	亚洲	3	9	27	3	
6	P3	亚洲	1	8	8	1	加急
6	P3	亚洲	2	11	22	2	ISO 14000
6	P3	亚洲	3	11	33	1	ISO 9000/ISO 14000
6	P3	亚洲	1	9	9	3	ISO 14000

附录C

12组市场预测订单信息

续表

年 度	产 品	市 场	数 量	价 格	总 计	账 期	条 件
6	P4	本地	2	8.5	17	3	加急
6	P4	本地	3	9	27	4	
6	P4	本地	2	9	18	2	
6	P4	本地	3	8.3	25	1	ISO 9000
6	P4	本地	2	9.5	19	4	
6	P4	本地	1	9	9	2	
6	P4	本地	1	9	9	0	ISO 14000
6	P4	国内	1	8	8	1	
6	P4	国内	1	10	10	3	ISO 9000
6	P4	国内	2	8.5	17	2	
6	P4	国内	2	10	20	3	ISO 9000
6	P4	国内	2	9	18	4	
6	P4	区域	2	9.5	19	2	
6	P4	区域	3	10.3	31	4	ISO 9000
6	P4	区域	2	10.5	21	3	ISO 14000
6	P4	区域	3	9	27	3	
6	P4	区域	2	9.5	19	2	加急
6	P4	区域	2	10	20	3	加急
6	P4	亚洲	3	10	30	2	
6	P4	亚洲	1	11	11	3	加急/ISO 9000/ISO 1400
6	P4	亚洲	3	10	30	4	ISO 9000
6	P4	亚洲	2	10.5	21	3	ISO 9000
6	P4	亚洲	2	10.5	21	4	ISO 14000

参考文献

[1] 蒋晶晶,关胜.企业经营管理沙盘模拟实践教程[M].武汉:华中科技大学出版社,2019.

[2] 宋玲玲,张伯玮.ERP 企业管理沙盘实战[M].北京:中国人民大学出版社,2017.

[3] 吴迪,鲁艳霞.企业资源规划(ERP)实训教程[M].3 版.大连:东软电子出版社,2017.

[4] 关胜,宋萍,蒋晶晶.感悟企业管理——沙盘模拟与信息化经营[M].大连:东软电子出版社,2016.

[5] 王虹英,王书果.创业者 ERP 沙盘模拟经营[M].北京:中国人民大学出版社,2016.

[6] 王建仁,段刚龙.企业资源规划(ERP)沙盘模拟[M].北京:机械工业出版社,2014.

[7] 徐寿芳,马秀丽.ERP 沙盘实训教程[M].北京:中国人民大学出版社,2014.

[8] 王小燕,林伟君.ERP 企业经营沙盘模拟实验[M].北京:中国人民大学出版社,2014.

[9] ITMC 编写组.企业经营管理实训教程之一——沙盘对抗[M].北京:高等教育出版社,2012.

[10] 张庆华,刘兆军,郑雪峰.ERP 沙盘企业信息化实训教程[M].北京:清华大学出版社,2011.